MARCO POLO

FRANKFURT

MARCO POLO AUTORIN

Rita Henß

Journalistin, Immerschon-Frankfurterin, Neu-Nordendlerin und Mitbegründerin/-herausgeberin eines kritisch beobachtenden Reportagemagazins für dieses Stadtviertel: Rita Henß empfindet die Mainmetropole als inspirierenden Gegenpol zu ihren Reisezielen in der ganzen Welt. Ihre Eindrücke und Erfahrungen erscheinen sowohl in Zeitschriften und Zeitungen als auch in Buchform.

REIN INS ERLEBEN

Mit dem digitalen Service von MARCO POLO sind Sie noch unbeschwerter unterwegs: Auf den Erlebnistouren zielsicher von A nach B navigieren oder aktuelle Infos abrufen – das und mehr ist nur noch einen Fingertipp entfernt.

Hier geht's lang zu den digitalen Extras:

http://go.marcopolo.de/ffm

Touren-App

Ganz einfach orientieren und jederzeit wissen, wo genau Sie gerade sind: Die praktische App zu den Erlebnistouren sorgt dank Offline-Karte und Navigation dafür, dass Sie immer auf dem richtigen Weg sind. Außerdem zeigen Nummern alle empfohlenen Aktivitäten, Genuss-, Kultur- und Shoppingtipps entlang der Tour an.

HTTP://GO.MARCOPOLO.DE/FFM

Update-Service

Immer auf dem neuesten Stand in Ihrer Destination sein: Der Online-Update-Service bietet Ihnen nicht nur aktuelle Tipps und Termine, sondern auch Änderungen von Öffnungszeiten, Preisen oder anderen Angaben zu den Reiseführerinhalten. Einfach als PDF ausdrucken oder für Smartphone, Tablet oder E-Reader herunterladen.

SYMBOLE

- INSIDER TIPP Insider-Tipp
- ★ Highlight
- ●●●● Best of …
- Schöne Aussicht
- Grün & fair: für ökologische oder faire Aspekte
- (*) Kostenpflichtige Telefonnummer

PREISKATEGORIEN HOTELS

€€€	über 160 Euro
€€	120–160 Euro
€	bis 120 Euro

Die Preise gelten für zwei Personen im Doppelzimmer mit Frühstück

PREISKATEGORIEN RESTAURANTS

€€€	über 25 Euro
€€	15–25 Euro
€	bis 15 Euro

Die Preise gelten für eine durchschnittliche Hauptmahlzeit

GUT ZU WISSEN

KARTEN IM BAND
(116 A1) Seitenzahlen und Koordinaten verweisen auf den Cityatlas
(0) Ort/Adresse liegt außerhalb des Kartenausschnitts
Es sind auch die Objekte mit Koordinaten versehen, die nicht im Cityatlas stehen
Übersichtskarte Frankfurt mit Umland auf S. 126/127

(A–B 2–3) verweist auf die herausnehmbare Faltkarte

UMSCHLAG VORN:
Die wichtigsten Highlights

UMSCHLAG HINTEN:
Schnellbahnplan

Die besten MARCO POLO Insider-Tipps

Von allen Insider-Tipps finden Sie hier die 15 besten

INSIDER TIPP Grüne Schätze

Der ehemals universitätseigene *Botanische Garten* birgt neben Miniaturlandschaften u. a. Rosen (Foto o.), Arzneipflanzen und bedrohte Spezies → **S. 51**

INSIDER TIPP Kunstsinnige Kapuziner

Eine großflächige Wandmalerei schmückt seit 2016 eine Fassade des *Klosters Liebfrauen*, vor der sich das Innehalten im Citytrubel lohnt → **S. 37**

INSIDER TIPP Salonkultur

Neben diversen Cocktails zählen auch mehr als 80 Ginsorten zum Angebot im Nachtsalon der stylisch-gemütlichen *Logenhaus Bar*, die an Sommerabenden auch ihren Gartensalon öffnet → **S. 76**

INSIDER TIPP Heimat auf Zeit

Im neuen Hotel *Libertine* in einem schmucken Altbau in Sachsenhausen können Gäste nur für eine Nacht einchecken oder auch ein ganzes Jahr wohnen → **S. 85**

INSIDER TIPP Zweite Kleiderliebe

Da macht das Stöbern Spaß: In stilvollem Ambiente verkauft *Second Love* aktuelle Designermode aus zweiter Hand → **S. 71**

INSIDER TIPP Kleine Bühne, große Vielfalt

Im neuen kleinen *Theater Alte Brücke* in Sachsenhausen sorgen Gastkünstler für ein breites Repertoire → **S. 79**

INSIDER TIPP Arien-Lunch und After-Work-Konzerte

Dreißig Minuten Mittagspausen-Intermezzo oder eine Stunde Livemusik nach Feierabend: Solisten der *Frankfurter Oper* (Foto re.) und anderer Institutionen intonieren Klassik und Unbekannteres → **S. 79**

INSIDER TIPP Boskop fürs Glas

Frankfurts Nationalgetränk, von zwei Idealisten aus in der Region geernteten Äpfeln gekeltert, füllt die Regale des *Apfelweinkontors* → **S. 69**

INSIDER TIPP Genussboot
Sanft schaukelnd den Lunch oder kleine Abendmahlzeiten genießen: das *Émile* ist eine Küchenyacht, die im Westhafen festgemacht hat → S. 64

INSIDER TIPP Gartenhüttenkulinarik
Laube Liebe Hoffnung bietet Feldküche und feine Speisen inmitten der modernen Architektur eines neuen Stadtviertels → S. 64

INSIDER TIPP Vintage statt Wurst
Alte Schubladen, die nun auf filigranen Stelzen zu balancieren scheinen, und andere liebevoll umgewidmete und umgestaltete Fundstücke birgt der *Laden 100*, der seine Heimat in einer ehemaligen Metzgerei gefunden hat → S. 68

INSIDER TIPP Cocktails and Soul
In *James the Bar*, dem Lokal im English Theatre, werden zu klassischen Mixgetränken und gepflegten britischen Drinks regelmäßig tanzbare Klänge serviert → S. 76

INSIDER TIPP Grüngürtelkunst
Eine Eule im Norwegerpullover, ein mannshoher, lautlos hämmernder Specht – und eine merkwürdige Tiergestalt, die aussieht wie eine Kreuzung aus Wildschwein, Vogel und Molch: Satirekünstler der Neuen Frankfurter Schule schufen die seltsamen Bewohner des Grüngürtels; ein Skulpturenprojekt, das für jeden zugänglich ist und ständig weiterwächst → S. 22

INSIDER TIPP Fair-Trade-Fashion für Groß und Klein
Im *Organicc* gibt es kultige Kleidung, die aus ökologisch einwandfreien Materialien und gegen faire Bezahlung gefertigt wurde – auch für den Nachwuchs → S. 70

INSIDER TIPP Fein gemachtes Büdchen
Kaffee und Törtchen, eine Suppe oder der Salat am Mittag – aus einer ehemaligen Trinkhalle wurde das stilvolle Sommercafé *Fein*, das für ein Päuschen im Grünen wie geschaffen ist → S. 59

BEST OF ...

TOLLE ORTE ZUM NULLTARIF

Neues entdecken und den Geldbeutel schonen

SPAREN

● *Heilsgeschichte an der Klosterwand*

Der frei zugängliche Kreuzgang und das Refektorium des ehemaligen *Karmeliterklosters* bergen die restaurierten Relikte zweier Freskenzyklen aus dem 16. Jh. Ausgeführt von dem schwäbischen Maler Jörg Ratgeb, gelten sie als die bedeutendsten vorbarocken Wandmalereien nördlich der Alpen → S. 36

● *Museumsgenuss*

Jeweils am letzten Samstag des Monats ist der Eintritt in zahlreiche Frankfurter Sammlungs- und Ausstellungshäuser frei – auch ins *Museum Angewandte Kunst* inklusive der zeithistorischen Schauräume in der Villa Metzler → S. 44

● *Asiatischer Rückzugsort*

Spaziergang wie im Reich der Mitte: Nach dem Vorbild der berühmten Shuikou-Gärten von Huizhou entstand der von dicken Mauern abgeschirmte *Chinesische Garten* im Bethmannpark → S. 49

● *Kostenloser Skylineblick*

Auf der Plattform des hölzernen *Goetheturms* im Stadtwald schicken Sie Ihr Auge auf eine weite Reise: über Baumwipfel zur Skyline „Mainhattans" und den Mittelgebirgshügeln am Horizont → S. 42

● *Unterirdische Kunst*

Der schräg ins Pflaster gerammte Straßenbahnwagen an der Bockenheimer Warte lässt schon ahnen: Hier tut sich bestimmt auch unterirdisch was. Einige Frankfurter *U-Bahn-Stationen,* zumeist der Linien U 6 und 7, wurden von Künstlern gestaltet, andere zumindest kunstvoll verschönert (Foto) → S. 55

● *Konzertklänge aus der Riegerorgel*

Zweimal wöchentlich erklingt in der *Katharinenkirche* im Herzen der Stadt ein halbstündiges Orgelkonzert, das keinen Eintritt kostet. Meist kommen zwei bis drei Stücke zu Gehör, darunter in der Regel eine Bach-Komposition → S. 36

●●●● Diese Punkte zeichnen in den folgenden Kapiteln die Best-of-Hinweise aus

TYPISCH FRANKFURT

Das erleben Sie nur hier

Köstliches „Stöffche"

Apfelwein oder „Stöffche", wie die Einheimischen sagen, ist das flüssige Aushängeschild der Stadt. In traditionellen Wirtschaften wie dem Gasthaus *Kanonesteppel* gibt's dazu deftigen Handkäs' und Rippchen mit Kraut → S. 58

Zeitreise in die Urwelt

Die Mainmetropole besitzt einige der bedeutendsten Museen Deutschlands, zu denen auch das *Naturmuseum Senckenberg* zählt. Dinosaurier, Fossilien der Grube Messel, Walskelette – entdecken Sie vier Milliarden Jahre Erdgeschichte und die Vielfalt des Lebens (Foto) → S. 54

Mainhattan

Dutzende Hochhäuser formieren sich nördlich des Mains zu einer deutschlandweit einzigartigen Skyline. Von der Spitze des *Main Tower* genießen Sie einen überwältigenden Ausblick, nachdem Sie 53 Etagen mit dem Fahrstuhl himmelwärts gesaust sind → S. 48

Brücken(kunst)

Mehr als ein Dutzend Brücken und Stege überspannen allein im Citybereich den Main, einige schlicht, andere mit kunstvoller Zier wie Homer-Versen oder Klangkugeln. Mit der 2013 eröffneten *Osthafenbrücke* gesellte sich ein besonders filigranes Exemplar dazu → S. 16

Wo Goethe wohnte

Der berühmteste Sohn der Stadt begegnet Ihnen in Frankfurt auf Schritt und Tritt. Einblick in sein Leben und das seiner Familie gewährt das *Goethehaus,* das wiedererbaute Elternhaus des Dichters → S. 33

Messebummel

Das *Messegelände* lohnt nicht nur für eine der rund 40 Ausstellungen jährlich den Besuch, sondern auch wegen der beeindruckenden Architektur verschiedener Epochen und des „Hammering Man" → S. 53

Museumsperlen am Ufer

So viele und so unterschiedliche Sammlungshäuser, aufgereiht am Fluss und oft noch eingebettet in schöne Parks: Der *Schaumainkai* ist eine weltweit einzigartige Museumsmeile → S. 27

BEST OF ...

SCHÖN, AUCH WENN ES REGNET

Aktivitäten, die Laune machen

REGEN

● ***Kaiserlicher Krönungsort***

Auch wenn kein Kaiserwetter herrscht, sorgen der warme Ziegelton an den Wänden und nur wenige, geschickt in Szene gesetzte mittelalterliche Kunstschätze im *Kaiserdom* für Feststimmung → S. 35

● ***Kulinarisches aus aller Welt***

Obst, Gemüse, Fleisch, Käse, frische Nudeln und Gewürze – ein farbenfroher Kontrast zum Regengrau vor der Tür. Wer mag, bleibt in der *Kleinmarkthalle* nicht nur zum Schauen oder Einkaufen, sondern gönnt sich zudem eine Tasse Kaffee, Sushi, Rindswurst oder Austern → S. 69

● ***Kino im Museum***

Um die Geschichte des Lichtspiels dreht sich die neu konzipierte Ausstellung im *Deutschen Filmmuseum* mit unzähligen bewegten Bildern, die Sie das Wetter draußen vergessen lassen → S. 42

● ***Japanische Gemütlichkeit***

Blümchentapeten, antike Tischchen, Polstersessel – gemütlich ist es bei Schmuddelwetter in der japanisch geprägten Patisserie *Iimori,* wo Apfeltarte ebenso wie Grüntee-Törtchen serviert wird → S. 59

● ***Wiege der Demokratie***

1848 tagte in der *Paulskirche* die erste deutsche Nationalversammlung, heute können Sie sich im großen Saal im Obergeschoss auf Spurensuche begeben. Im Erdgeschoss dokumentieren Vitrinen die stürmischen Zeiten der Demokratiebewegung (Foto) → S. 38

● ***Oldtimer erleben***

Liebhaber klassischer Automobile wollen auch bei Sonnenschein so schnell nicht mehr weg aus der *Klassikstadt* in der ehemaligen Maschinenfabrik. Schauwerkstätten für diverse Klassikermarken und das Restaurant „Werkskantine" tun ein Übriges dazu → S. 53

ENTSPANNT ZURÜCKLEHNEN

Durchatmen, genießen und verwöhnen lassen

ENTSPANNT

Grüne Symphonie

Natur in allen Varianten finden Sie im *Palmengarten*. Ob Wiese am Teich zum Dösen und Picknicken (Foto) oder der neue Biergarten – das historische Grünareal ist eine echte Oase → S. 54

Radeln lassen

Sightseeing mit dem *Velo-Taxi* ist umweltfreundlich und zugleich relaxt. Die moderne Variante der Rikscha ist in rund 30 Exemplaren präsent und verkehrt zwischen Anfang Mai und Oktober → S. 113

Wellness orientalisch

Zwei Stunden entspannen wie im Orient: Das gleichnamige Hamam-Package der *Tagesschönheitsfarm* verhilft Ihnen nach ausgedehntem Sightseeing zu neuer Frische → S. 38

Sommer auf dem Parkdeck

Auf dem Deck eines Parkhauses in der Innenstadt sorgen Sand, Liegestühle, coole Drinks und chillige Sounds für entspanntes Sommerfeeling in der *Long Island Summer Lounge* → S. 76

Schiff ahoi

Fünfzig Minuten Frankfurt vom Wasser aus genießen – an Deck eines Ausflugsschiffs der *Primus-Linie Frankfurter Personenschiffahrt* geht das bestens. Regelmäßig legen die weißen Schiffe zu einem Kurztrip auf dem Main ab → S. 113

Bühnenzauber

Licht aus, Vorhang auf – und eintauchen in eine andere Welt. Die *Oper Frankfurt* schickt mit abwechslungsreichen Inszenierungen Geist und Seele auf Reisen → S. 79

Abstecher nach Nizza

Nizza wird Frankfurts wärmste Ecke genannt, wo tatsächlich Südfrüchte unter freiem Himmel gedeihen und Sie auf der Caféterrasse bei mediterranen Köstlichkeiten mit Mainblick entspannen können → S. 48

AUFTAKT

ENTDECKEN SIE FRANKFURT!

Vieles kann man Frankfurt nachsagen – eines indes sicher nicht: Dass es typisch deutsch ist. Europäische Metropolen wie London, Paris oder Madrid werden als Vergleich herangezogen, mancher zitiert sogar New York – auch diese Stadt ist nicht unbedingt typisch für ihr Land. Tatsächlich hat die Mainmetropole einiges mit der großen Schwester am Hudson gemeinsam, angefangen von der einzigartigen Silhouette über das reiche Kulturangebot und das ausgedehnte Grün bis hin zur ethnischen Vielfalt der Bevölkerung.

Den Frankfurtbesucher erwartet eine ***spannende Mischung*** aus Alt und Neu, aus Tradition und Moderne. Das gilt für die Architektur der Stadt ebenso wie für ihre Atmosphäre. Hochhausskyline und Fachwerkidylle liegen dicht beieinander; Kaiserdom, der Römerberg mit dem namensgebenden Rathaus und den wiedererbauten Fachwerkhäusern der Ostzeile, die Schirn Kunsthalle mit ihren hochkarätigen Wechselausstellungen mit Exponaten aus aller Welt, der archäologische Garten mit Relikten eines Bads aus der Römerzeit – inzwischen verborgen unter dem im Zuge des neuen Dom-Römer-Quartiers erbauten Stadthauses –, die Paulskirche, in deren Mauern die deutsche Demokratie das Licht der Welt erblickte – all das gilt es zu entdecken im Her-

Bild: Frankfurts Skyline

zen der Stadt. Überdies bietet Frankfurt eine Fülle außergewöhnlicher Museen. Das Gros von ihnen basiert auf privaten Bürgerstiftungen, da die Freie Reichsstadt niemals herrschaftliche Kunst- oder Wunderkammern kannte. Allein am sogenannten Museumsufer reihen sich rund zehn Sammlungshäuser, darunter das berühmte Städel mit seinen Alten Meistern und ihren Nachfolgern bis ins 20. Jh., das Deutsche Filmmuseum, die Museen für Architektur, Kommunikation und Weltkulturen. In einer alten Mainufervilla ist zudem regelmäßig regionale Kunst des 19. Jh. zu sehen, mit einem kühnen Dreiecksgebäude in der Nähe des Doms schuf Hans Hollein dem Museum für Moderne Kunst ein markantes Domizil.

Außergewöhnliche Museen und berühmte Sammlungen

Eindrucksvolle moderne Baukunst veranschaulicht inzwischen auch die Einkaufsmeile Zeil mit dem Shoppingcenter MyZeil und den nördlich davon aufragenden Doppeltürmen des ***neu erschlossenen Palais-Quartiers***. Nur ein paar Schritte sind es von hier zu den historischen Wallanlagen; bereits im 19. Jh. wurden sie bis auf einige wenige Türme geschleift und zu einem Ringpark umgestaltet, der heute mit Rad- und Spazierwegen nahtlos die Innenstadt umschließt. Palmengarten, Zoo und eine ganze Reihe von Parks bieten weiteres Grün, manche bergen sogar kleine Gewässer oder exotische Themengärten, etwa nach koreanischem oder chinesischem Vorbild. In einem steht ein Wasserschlösschen, andere dienen im Sommer als Theater- oder Mu-

Ein chinesischer Landschaftsgarten nimmt einen Teil des Bethmannparks ein

sikkulisse, fast überall in den meist aus historischen Landgütern hervorgegangenen Parkarealen gibt es Spielplätze und Cafés. Wer sich noch weiter in die Randzonen der kleinen Großstadt wagt, findet den Grüngürtel, ein großes Landschaftsschutzgebiet, entdeckt wegweisende Siedlungsarchitektur der 1920er-Jahre auf ursprünglich römischem Baugrund oder eine von Europas wenigen Binnendünen.

Frankfurt bietet reichlich Abwechslung auf kleinem Raum – es ist ***zugleich Großstadt und Dorf***, businessorientiert und genießerisch, bodenständig und weltoffen. Die halbe Erdkugel ist mit ihren Kulturen in „Mainhattan" vertreten, 180 Nationen wurden gezählt, fast ein Drittel der Frankfurter haben keinen deutschen Pass. Ihr Anteil an der Gesamtbevölkerung ist der höchste aller deutschen Großstädte. Das Spektrum reicht vom türkischen Gemüsehändler bis zum asiatischen Banker, vom ägyptischen Programmierer bis zum italienischen Dirigenten.

180 Nationalitäten sind in der Metropole am Main zu Hause

Tolerant, weltoffen und modern, mit einer mehr als 1200 Jahre langen Geschichte ist Frankfurt heute das Zentrum einer der produktivsten und dynamischsten Regionen im Herzen Europas. Doch Frankfurt lebt nicht nur im Rhythmus des Geldes – wenngleich hier auch nach der Krise von 2008/9 noch immer mehr als 220 Banken beheimatet sind. Auch das Nationale Olympische Komitee und der Deutsche Fußballbund haben in Frankfurt ihren Sitz. Die Wiege der deutschen Jazzszene stand in den Ruinen der vom Krieg fast völlig zerstörten City, in den 1980er-Jahren wuchs am Flussufer eine ganze Kette ebenso ***hochkarätiger wie facettenreicher Museen***. Die Tänzer von William Forsythe trugen den Ruf der Stadt hinaus in die Welt. Auch der Techno, das klangliche Sinnbild der postindustriellen Moderne, wurde am Main erfunden. Namen wie Carlo Bohländer, Albert und Emil Mangelsdorff sind ebenso untrennbar mit der Musikszene Frankfurts verbunden wie Annemarie Roelofs und Sven Väth. Gleiches gilt für das Ensemble Modern und das Museumsorchester (Frankfurter Opernensemble).

Neben den Tönen pflegt man kräftig auch das Wort. Den Ruf als Literaturstadt verdankt Frankfurt wohl hauptsächlich „seinem" Dichterfürsten Johann Wolfgang von Goethe. Aber auch Heinrich Hoffmann, der Vater des „Struwwelpeter" (1845/47) und Begründer der Psychiatrischen Heilanstalt Frankfurts (an der ab 1888 auch der Gehirnforscher Alois Alzheimer wirkte), war am Main zu Hause. Inzwischen zählt die Riege der einheimischen und ortsansässigen Autoren an die hundert Namen, darunter Matthias Altenburg, Eva Demski, Margarete Mitscherlich, Martin Mosebach, Alissa Walser und Robert Gernhardt. Die Stadt richtet alljährlich im Oktober die weltgrößte Buchmesse aus, leistet sich ein Literaturhaus, eine Romanfabrik, einen Stadt(teil)schreiber und ein Literaturfest.

Jährlich richtet Frankfurt die weltgrößte Buchmesse aus

Kultur wird großgeschrieben in Frankfurt. Etabliertes hat dabei ebenso seinen Platz wie Experimentelles. Kleinkunst, Kabarett, Performance und Comedy (man denke nur an Namen wie Badesalz und Mundstuhl) bieten zusammen mit Theatern, Oper, Galerien und Museen ein vielfältiges Angebot. Zudem gibt es eine lebendige Filmkultur. Groß ist am Main aber auch die ***Lust am Feiern***, am geselligen Entspannen in Cafés, Kneipen, Bars und Restaurants, beim Work-out oder beim traditionellen Sport. Zu Tausenden sausen Skater inzwischen allwöchentlich durch die Straßen der Stadt; im größten Freibad Europas, dem Rödelheimer Brentanobad, ziehen Schwimmer ihre 100-m-Bahnen. Und in den Sporthallen und Stadien – die für die WM 2006 konzipierte Commerzbank-Arena mit ihrem innovativen Faltdach gilt als „größtes Cabrio der Welt" – zittern Einheimische und Zugewanderte regelmäßig gemeinsam.

Alt und Neu, Luxus und Armut, Kommerz und Kunst leben in Frankfurt spannungsvoll nebeneinander. Fremdes paart sich (nahezu) problemlos mit Bekanntem, Intellektualität mit Bodenständigkeit. Die Frankfurter Schule um die Philosophen Theodor W. Adorno, Max Horkheimer und Jürgen Habermas ist Legende. ***Kritische Köpfe*** gingen aus ihr hervor, die sich 1968 gegen das Establishment auflehnten und die Villen des Westends besetzten. Viele dieser „roten Revoluzzer" wurden etablierte Politiker; die bekanntesten heißen Daniel Cohn-Bendit und Joschka Fischer.

Aber es stimmt schon: Business ist der Motor der Stadt. Und zwar von Anbeginn an. Bald nachdem Karl der Große Franconofurt begründet und eine Synode einberufen hatte, machte die Siedlung als Handelsplatz von sich reden. Fürsten- und Reichsversammlungen brachten reichlich Interessenten nach Frankfurt, zahlreiche Könige und Kaiser erlebten hier ihre Krönung, und Mitte des 19. Jhs. feierte man in der Frankfurter Paulskirche die ***Geburt der deutschen Demokratie***. Doch auch weniger friedliche Ereignisse bescherten Frankfurt schon früh internationales Publikum. Hugenottisches Erbe beispielsweise prägt noch heute die Sprache der Stadt – in Wörtern wie „Belvedersche" *(*von franz. *belvédère*, Aussichtspavillon*)* lässt sich der französische Ursprung erkennen. Und stets trugen auch jüdische Bürger zum Alltag bei. Als Händler und Geldverleiher legten sie quasi den Grundstein der heutigen Finanzmetropole, die in beeindruckender Dichte alles versammelt, was Rang und Namen hat in der Wirtschaftswelt, von der Deutschen Bundesbank über die Europäische Zentralbank, für die eigens die neue ● *Osthafenbrücke* über den Main gebaut wurde, und der –

2008 allerdings in einen Vorort verzogenen – Deutschen Börse AG mit dem weltweit ***drittgrößten Wertpapierhandelsplatz***. Etwa 650 000 Menschen leben in der Mainmetropole, nimmt man das Umland hinzu, so weist die Statistik fast 5 Mio. Bewohner und gut 2 Mio. Erwerbstätige aus. Sie verteilen sich auf Abertausende von Unternehmen – vom Industriekonzern über mittelständische Unternehmen bis zu kleinen Softwareentwicklern.

Der Bulle vor der Wertpapierbörse steht für die Hausse, das Steigen der Börsenkurse

Mag Frankfurt auch auf den ersten Blick nicht gerade als Zentrum der Medien erscheinen, so ist doch mit S. Fischer einer der namhaftesten deutschen Verlage hier zu Hause sowie drei große Tageszeitungen, darunter die renommierte „F. A.Z.". Auch mehr als ein Drittel des deutschen Werbeumsatzes wird in Frankfurt erwirtschaftet. Die Region Frankfurt ist zudem ***Spitzenreiter*** in Deutschland bei den Headquarters weltweit operierender Unternehmen. Von den hundert größten Industrieunternehmen Deutschlands haben zwanzig ihre Firmenzentralen im Großraum Frankfurt. Im Stadtgebiet Frankfurt ist die Chemie – ursprünglich eng verbunden mit den Namen IG Farben und Hoechst – der größte Industriezweig. Eine immer stärkere Bedeutung gewinnt die Bio- und Gentechnologie dank der Universität und diverser Forschungsinstitute. Ein wichtiger Arbeitgeber ist auch der Frankfurter Flughafen, nach London-Heathrow und Paris-Roissy der drittgrößte Europas.

Frankfurt – eine Stadt der Kontraste und „Merkwürdigkeiten", wie schon Johann Wolfgang von Goethe, der wohl berühmteste Sohn der Stadt, befand. Und so wird jeder Besucher in der Mainmetropole ein anderes persönliches Highlight finden – entdecken Sie Ihr Frankfurt!

IM TREND

1 Fitness im Freien

Sportlich *Huthpark, Günthersburgpark, Hafenpark* – in vielen Frankfurter Grünanlagen tummeln sich neben Spaziergängern, Joggern und Sonnenanbetern immer mehr Sportbegeisterte. An speziellen Geräten kann hier jedermann Koordination, Kraft und Beweglichkeit trainieren. Zudem haben sich Calisthenics-Gruppen *(www.facebook.com/Calisthenics.Frankfurt)* gegründet, die sich regelmäßig zum Open-Air-Training nur mit dem eigenen Körpergewicht treffen.

2 Bier-Vielfalt

Braukunst Dank kleiner Brauereien erlebt der Gerstensaft eine Renaissance. Im urigen *Zu den Zwölf Aposteln (Rosenberger Str. 1 | www.12aposteln-frankfurt.de)* wird neben trübem Urtyp auch saisonal Bock- und Jubiläumsbier gebraut. *Braustil (Oeder Weg 57 | braustil.de)* bietet Unter- oder Obergäriges aus eigener Herstellung wie Oak Wheats oder Honey Monk. Im *Naiv* (s. S. 65) werden vier Hausmarken und gut drei Dutzend weitere Biere ausgeschenkt.

3 Der Osten

Neue Perspektiven Rund um die alte Großmarkthalle mit den neuen EZB-Türmen tut sich einiges: Ein historischer Hafenkran setzt vor dem *Oosten (Mayfarthstr. 4 | www.oosten-frankfurt.com)* ein markantes Zeichen, das Lokal mit Dachterrasse und Außenbereich bietet besten Skylineblick. Dahinter entstand der *Hafenpark* – u. a. mit Skaterlandschaft *(Foto)*, Ballspielplätzen, Klimaroute. In zwei Bögen der *Honsellbrücke* von 1912 hat nun der *Kunstverein Familie Montez (www.kvfm.de)* sein Domizil. Neben Ausstellungen mit zeitgenössischer Kunst gibt es Getränke, Kuchen sowie ab und an Livemusik.

In Frankfurt gibt es viel Neues zu entdecken. Das Spannendste auf diesen Seiten

Main-Mode

4

Kreativ Ideen wachsen in Frankfurt hibb und dribb de Bach: Sowohl im Nordend als auch in Sachsenhausen blüht die Szene der Modedesigner. *Posh (Brückenstr. 54)* präsentiert neben eigenen Kollektionen auch Fremdmarken, die *Designerie (Brückenstr. 32 | www.designerie-frankfurt.de)* von Sabine Ellers steht für Mode aus Vintagestoffen. Jutta Heeg kreiert unter dem Label *Ichwareindirndl (Brückenstr. 52 | www.ichwareindirndl.de)* ausgefallene Einzelstücke, im Atelier von *Leonid Matthias (Walter-Kolb-Str. 7 | Eingang Schulstraße | www.leonidmatthias.com) (Foto)* entsteht Bunnymäßiges bis Märchenhaftes, und *Heidi Flügel (Egenolffstr. 13 | www.heidi-fluegel.com)* entwirft für ihre Marke H. e.i.d. i. zwei lässig-elegante Kollektionen pro Jahr.

Treffpunkt Kiosk

5

Durstlöscher „Wasserhäuschen", auch Büdchen oder Hochdeutsch Trinkhallen genannt, gehören seit Mitte des 19. Jh. zum Frankfurter Stadtbild. Ursprünglich dazu bestimmt, die Bevölkerung mit unbedenklichem Trinkwasser zu versorgen, wozu sich später auch der Ausschank von Alkohol gesellte, haben einige nun ein neues Gesicht und Umfeld bekommen und funktionieren wie kleine Bars oder Cafés – etwa das *Gudes (Friedberger Landstr. 107 | www.gudes-frankfurt.de) (Foto),* das *Fein* (s. S. 59) oder die *Trinkhalle (Obermainanlage 24 | www.trinkhalle-frankfurt.de)*. Das *Orange Beach (Gutleutstr. 391 | www.orangebeach-frankfurt.de)* trumpft mit seiner Lage direkt am Main, multikulti geht es dagegen am *Yok Yok (Münchener Str. 32)* zu.

FAKTEN, MENSCHEN & NEWS

APFELWEIN

Um Legenden über die Entstehung ihres Nationalgetränks sind die Frankfurter nie verlegen. Die einen behaupten, Kaiser Karl sei der „Erfinder“: Sein monarchisches Gewicht habe aus einem auf einem Stuhl liegenden Apfel alle Flüssigkeit gepresst. Andere erzählen die Geschichte der beiden diebischen Soldaten, die ihre Apfelbeute ausgerechnet im Kanonenrohr versteckten, vom Hauptmann ertappt wurden und zusehen mussten, wie der Kanonenputzer so lange im Rohr herumstocherte, bis „daraus quoll ein Strom hervor“. Wie dem auch sei, gewerblich ausgeschenkt wird das gekelterte „Stöffche“ seit dem 17. Jh.; immer schon in einem Steingutkrug (Bembel) und in geschliffenen Gläsern (Gerippte). Anfangs waren am Straßenrand wachsende Äpfel die Basis für den erfrischenden Trunk, inzwischen kommen sie von weither. Der Herstellungsdreiklang *Süßer* (frisch gepresst nach der Ernte), *Rauscher* (nach einigen Wochen Gärung, trüb, leicht moussierend), *Neuer* (nach Abschluss des Gärprozesses, klar) ist indes bis heute gültig – ebenso wie die vier Schreibweisen Äppelwoi, Äppelwei, Ebbelwei und Ebbelwoi. Und jeder echte Frankfurter weiß natürlich, welcher Wirt noch nicht auf Industrieware umgestellt hat.

DOM-RÖMER-QUARTIER

Baustellen und -lücken gibt es in Frankfurt derzeit fast in jeder Himmels-

Bild: Flößerbrücke und Europäische Zentralbank

Idyllisches Grün und das Leben am Fluss gehören zur Mainmetropole ebenso wie der Saure pur und die Hochhausskyline

richtung. Zentralstes und zugleich umstrittenstes Projekt in Sachen Stadterneuerung ist dabei jenes des Dom-Römer-Quartiers. Während beim Europaviertel (auf dem Gelände des ehemaligen Güterbahnhofs, südlich der Messe) oder bezüglich des ehemaligen Degussa-Areals (Maintor) kaum kritische Stimmen zu hören waren oder sind, sorgten und sorgen die Pläne zur Neugestaltung der Altstadt für heftige Kontroversen. 2017 wurden auf dem Areal zwischen Dom, Braubachstraße und Römerberg, wo einst das Technische Rathaus stand, 35 neue Häuser mit insgesamt 80 Wohnungen fertiggestellt – 15 davon als „schöpferische Nachbauten" lokaler historischer Substanz, der Rest mit „typischen Stilelementen der Frankfurter Altstadt". Über dem archäologischen Garten ist das sogenannte *Stadthaus am Markt* entstanden – ein Veranstaltungs- und Begegnungszentrum, das so mancher in der Stadt für völlig überflüssig hält – zumindest in der an Versammlungsraum nicht gerade armen City.

FRANKFURTER

Es gibt ihn immer seltener, den echten Frankfurter. Zumindest wenn man sich an die strenge Drei-Generationen-Definition hält: Nur wenn Eltern und Großeltern auch aus der Mainmetropole stammen, gilt ein dort Geborener als echter Frankfurter. Der Rest muss sich mit der Bezeichnung „Eigeplackte"– also Zugezogene – zufriedengeben. Der echte Frankfurter ist ein stolzer Bürger, er beugt sich ungern einer Obrigkeit – es gab schließlich außer Napoleon keinen Herrscher, der über die Stadt das Sagen hatte. Außerdem gilt der echte Frankfurter als großzügig: Noch immer erhält das traditionsreiche Stiftungswesen der Stadt Zuwachs. Ein echter Frankfurter würde nie nach Offenbach ziehen – auch wenn Goethe dort mit Lilli Schönemann turtelte –, er hält der Eintracht die Treue – egal ob sie in der Bundesliga kickt oder nicht –, und er ist im Besitz eines hölzernen „Schobbedeckels", um sein Apfelweinglas vor Fremdeinflüssen zu schützen. Außerdem zieht der echte Frankfurter die Rindswurst von Gref-Völsings dem Frankfurter Würstchen vor – denn Letzteres wird vor den Toren der Stadt, in Isenburg, hergestellt.

GRÜN

Frankfurt ist grüner als sein Ruf. So besitzt die Mainmetropole den größten stadteigenen Wald der Bundesrepublik. Gesprenkelt von Weihern, erstreckt er sich auf der südlichen Flussseite von Ober- bis Niederrad. Auf der nördlichen Mainseite umspannt ein fast 5 km langer, im 19. Jh. nach der Schleifung des Befestigungsrings geschaffener Parkring die Stadt. Außerdem liegen auf dem Stadtgebiet ein Dutzend öffentlicher Parks; ursprünglich meist angelegt um den Besitz wohlhabender Familien, etwa der Solms und Bretanos. Zwei Ausnahmen bilden der Ostpark und der Lohrpark. Ersterer wurde um 1900 als Freizeitstätte für die Bevölkerung konzipiert, mit Spielwiesen, Badeteich und Schulgarten. Wenige Jahre später entstand auf der Kuppe des Lohrbergs ebenfalls ein Bürgerpark: mit Obsthainen, Versuchsgarten, Schreberparzellen und einer Ausflugsschänke. Auch im Westen und Osten der Stadt grünt es weiter: Mit 40 000 m^2 ist der Europagarten seit 2016 das neue Naturherz des gleichnamigen Viertels an der Messe. Und mit dem am Hochkai angelegten, ebenfalls 40 000 m^2 großen Hafenpark, der sowohl ein Skaterareal umfasst als auch andere Sport- und Ruhezonen, wird die nördliche Mainuferpromenade mit dem Frankfurter Grüngürtel verknüpft. In dem 80 000 m^2 großen Freiraum rings um die Stadt lässt sich eine Reihe von INSIDER TIPP skurrilen Kunstwerken, geschaffen von Mitgliedern der Neuen Frankfurter Schule, entdecken. Zu diesen im besten Sinne merkwürdigen Arbeiten zählt u. a. natürlich das Grüngürteltier, über das sein Schöpfer, der Zeichner und Dichter Robert Gernhardt, sagte, es sei so rar wie „das Kreuzungsergebnis aus Wutz, Molch und Star". Unübersehbar indes sind die „Dicke Raupe" von F. K. Waechter, ein knallgrünes Kunststoffobjekt auf einem zarten Birkenast im Erlenbruch, und das „Ich-Denkmal" von Hans Traxler in der Mainuferanlage zwischen Gerbermühle und Rudererdorf. Jedermann kann sich dort auf den Sockel stellen – und sich zur „richtigen" Pose von den auf der nebenstehenden Schautafel abgebildeten Zeichnungen des Cartoonisten inspirieren lassen.

MAIN

Frankfurt entdeckt seinen Fluss und dessen Ufer wieder. Die Jahrhundertwendepracht mit ihren schwimmenden Badeanstalten ist zwar dahin, aber

Blaue Stunde am Mainufer mit Blick auf den Eisernen Steg und den Kaiserdom

einige Gastwirte stellen Tische und Bänke vor die Kulisse von Museumsufer und Hochhausskyline, in Brückenköpfen und -gewölben entstehen hippe Bars und Kneipen und am Ufer dehnen sich im Sommer nun weite Strandlandschaften mit Palmen, Sand und Beachvolleyballfeldern aus. Das ehemalige Schlachthofgelände am Sachsenhäuser Ufer und die beiden Hafenareale entwickelten sich zu luxuriösen Wohngebieten. Auf dem Gelände der historischen Großmarkthalle hinter der Weseler Werft geht die Rückbesinnung auf die Reize des Mains weiter: Die Europäische Zentralbank hat hier ihr neues Quartier.

MESSE

Schon früh kreuzten sich in Frankfurt die Handelswege, bereits 1160 wird es als Messeplatz erwähnt. Knapp achtzig Jahre später erhielt die Stadt als erste im damaligen Europa das kaiserliche Privileg, jährlich Handelsmessen abzuhalten. Tuche aus hessischen Dörfern kamen ebenso zum Verkauf wie Wein von der Mosel und Waren aus fernen Gefilden.

Inzwischen ist Frankfurt mit knapp 40 000 Ausstellern und mehr als 2 Mio. jährlichen Besuchern der größte Messeplatz Europas. Rund fünfzig Messen stehen im Kalender, fast ein Drittel davon gelten als weltgrößte ihrer Branche, u. a. die Internationale Automobilausstellung (IAA), die Buchmesse und das Konsumgütermessenpaar Ambiente/Tendence.

MULTIKULTI

Keine zweite Stadt in Deutschland hat die Vielfalt der in ihr lebenden Nationen in dieser Weise institutionalisiert: Bereits 1989 beschloss der Frankfurter Magistrat, ein Amt für multikulturelle Angelegenheiten (AmkA) zu gründen.

Auch Schach spielen im Bethmannpark ist ein multikulturelles Vergnügen

Die städtische Behörde hat die Aufgabe, das konstruktive Zusammenleben der verschiedenen Bevölkerungsgruppen in Frankfurt zu fördern und zu unterstützen. Das AmkA entwickelt zielgerichtete Integrationsmaßnahmen, unterstützt die Vernetzung von Institutionen, die mit Integration befasst sind, und hat sich zum Ziel gesetzt, Toleranz und Verständnis der Einwohner untereinander zu fördern. Das Amt ist Mitausrichter der Interkulturellen Wochen und vermittelt bei Konflikten mit Nachbarn, Behörden und der Polizei, leistet Antidiskriminierungsarbeit und führt Projekte mit Eltern und Kindern zur sprachlichen und beruflichen Eingliederung durch. Mit Erfolg ...

UMWELTSCHUTZ

Die Stadtpolitik des 21. Jhs. müsse noch stärker als bisher ökologisches, wirtschaftspolitisches und sozialpolitisches Handeln verknüpfen, postulierte Frankfurts damalige Oberbürgermeisterin Petra Roth (CDU) 2011 in einer Studie für ihre Partei. Dabei ist die Mainmetropole schon kräftig dabei, diese Vorgabe in der Praxis umzusetzen – auch wenn die Bemühungen bislang noch nicht zu dem begehrten Titel „European Green Capital" führten. Aber immerhin zeichnete der European Arboricultural Council (EAC) die Stadt Frankfurt als „European City of the Trees 2014" aus – aufgrund ihrer Vorreiterrolle bei der Baumpflege. Mit der 2008 eingerichteten Umweltzone, für die die Bestimmungen 2012 nochmals verschärft wurden – nur noch Autos mit einer grünen Plakette dürfen in die Umweltzone der City fahren (s. S. 110) –, der städtischen Förderung von Energiesparaktionen in Privathaushalten, dem

Ausbau des Radwegenetzes und dem Beschluss, neue Wohnhäuser, Schulen und Kitas nur noch in Passivbauweise zu errichten, wurden bereits Meilensteine gesetzt. Mit insgesamt fünfzig Maßnahmen will Frankfurt den Ausstoß von Kohlendioxid bis 2020 um zwanzig Prozent verringern. Auch die Hotels der Messestadt sollen umweltfreundlicher werden; einige Vorreiter gibt es bereits. Ende 2015 rief das Energiereferat der Stadt zudem einen mit 110 000 Euro dotierten Ideenwettbewerb „Klimaschutz" aus. Die sechs Gewinnerprojekte werden nun sukzessive umgesetzt.

WOLKENKRATZER

Wer das Glück hat, mit dem Flugzeug einzuschweben, und das möglichst kurz vor der Dämmerung, erlebt die wohl beeindruckendste Stadtansicht Deutschlands von ihrer bezauberndsten Seite. Filigran hebt sich das Ballett der Hochhaustürme vor den Kuppen des Taunus ab: schlanke, von Kronen und Spitzen gezierte Wolkenkratzer aus Stahl und Glas, die modernen Insignien von (Versicherungs-)Macht und (Banken-)Kapital. Ein Hauch New York weht dem Betrachter entgegen; „Mainhattan" nennen daher nicht nur die Einheimischen die Mainmetropole mit wachsendem Stolz. Ein erstes Frankfurter Hochhaus, die Doppeltürme der Deutschen Bank, darf sich aufgrund seines nachhaltigen Umbaus auch mit dem begehrten Zertifikat des U. S. Green Building Council schmücken. Norman Fosters Commerzbank Tower gilt ebenfalls als Green Building, da sein Energieverbrauch dank eines Gebäudeautomationssystems, das Heizung, Lüftung (die Fenster lassen sich öffnen!), Lichtverhältnisse und Sonnenschutz regelt, 30 Prozent unter dem vergleichbarer Bauten liegt. Zur jüngeren Hochhausgeneration zählen u. a. der Skytower der EZB (Ostend), der Taunusturm (Bankenviertel) und die Bauten des Maintor-Projekts auf dem einstigen Degussa-Gelände.

DIE NEUE FRANKFURTER SCHULE

„Unsere Waffe sollte die Wasserpistole sein" – so das Motto dieses Zusammenschlusses von Schriftstellern und Zeichnern. Die lächerliche Überhöhung aktueller wie althergebrachter Themen praktizierten die Gruppenmitglieder in der Zeitschrift „Pardon" und im Satire-Magazin „Titanic". Die „Stammzelle" der NFS bildeten Clodwig Poth, Hans Traxler, F. K. Waechter und F. W. Bernstein. Es folgten Robert Gernhardt sowie Eckhard Henscheid, Pit Knorr und Bernd Eilert. Zur zweiten Generation zählen u. a. Thomas Gsella und das Duo Rattelschneck. Der Name Neue Frankfurter Schule wurde in ironischer Anlehnung an die philosophische Frankfurter Schule mit Max Horkheimer und Theodor W. Adorno, die in den 1930er-Jahren die Kritische Theorie der Gesellschaft begründet hatte, gewählt. Die von der NFS teilweise gepflegte Sprach- und Nonsenskomik trug auch zum Erfolg von Otto Waalkes bei, für den u. a. Eilert, Knorr und Gernhardt Texte verfassten. 2006 erwarb die Stadt Frankfurt etwa 4000 Originalzeichnungen von Bernstein, Gernhardt, Traxler und Poth als Grundstock für das 2008 eröffnete Museum für Komische Kunst Caricatura.

SEHENSWERTES

WOHIN ZUERST?
Der **Römerberg (117 E4)** ***(🕮 N4)*** ist der ideale Ausgangspunkt für einen Citybummel. Hier befindet sich das Rathaus, man blickt auf Paulskirche und Dom sowie auf die Kunsthalle Schirn – und es sind es nur ein paar Minuten Fußweg zum Goethehaus, zu den Shoppingmeilen Zeil und Goethestraße sowie zum Sachsenhäuser Museumsufer. Eine Tiefgarage liegt direkt unter dem Römerberg. Wer mit öffentlichen Verkehrsmitteln anreist, steigt an der Haltestelle Dom/Römer (U 4/5, Straßenbahn 11, 12) aus.

Große Distanzen kennt man in „Mainhattan" nicht – fast alle Sehenswürdigkeiten liegen im Zentrum oder nur wenige Minuten entfernt. Zu Fuß, per Rad oder mit öffentlichen Verkehrsmitteln lässt sich die Stadt wunderbar erobern – das Auto bleibt am besten gleich in der (Hotel-)Garage.

Denn trotz seiner vielen Museen ist Frankfurt eine Outdoor-Destination, ein lebendiges Stück Architekturgeschichte. Futuristische Bankenpaläste und historische Bürgerpalais, ehrwürdige Kirchen und freche U-Bahn-Stationen, ruhige Parks und belebte Einkaufsstraßen bilden ein stimmiges, nur dem Flaneur sich wirklich erschließendes Puzzle. Regelmäßig werden in ihm alte Teile ersetzt und immer wieder auch neue hinzugefügt.

 Bild: Römerberg

Frankfurt ist eine Stadt der Kontraste: cool und charmant, businessorientiert, aber zugleich voller Kunst und Kultur

Das gilt auch für jene Stadtteile, die den historischen Kern Frankfurts umschließen und von denen jeder seinen ganz eigenen Charakter hat. In ein paar Spazier- oder U-Bahn-Minuten sind sie problemlos zu erreichen. Auch für die Erkundung von Frankfurts einzigartiger Museumslandschaft braucht man kein Auto. Fast fünfzig Sammlungen und Institute – von Avantgarde bis Alte Meister, von Technik bis Natur – liegen innerhalb der Stadtgrenzen, viele am sogenannten Museumsufer, dem *Schaumainkai*, im südlich des Flusses beginnenden Stadtteil Sachsenhausen. Und auch bei diesen Sammlungen gilt: Ständig wird erweitert, restauriert, renoviert.

Sammeln gehörte von jeher zu den Leidenschaften der Frankfurter Bürger. Zahlreiche Kollektionen datieren daher bereits aus dem 18. oder frühen 19. Jh. Fast alle befinden sich in repräsentativen Räumlichkeiten, oft mit eigener Gastronomie. Die traditionsreichen Sammlungen residieren in noblen Villen, für die neueren wurden zeitgenössische Starar-

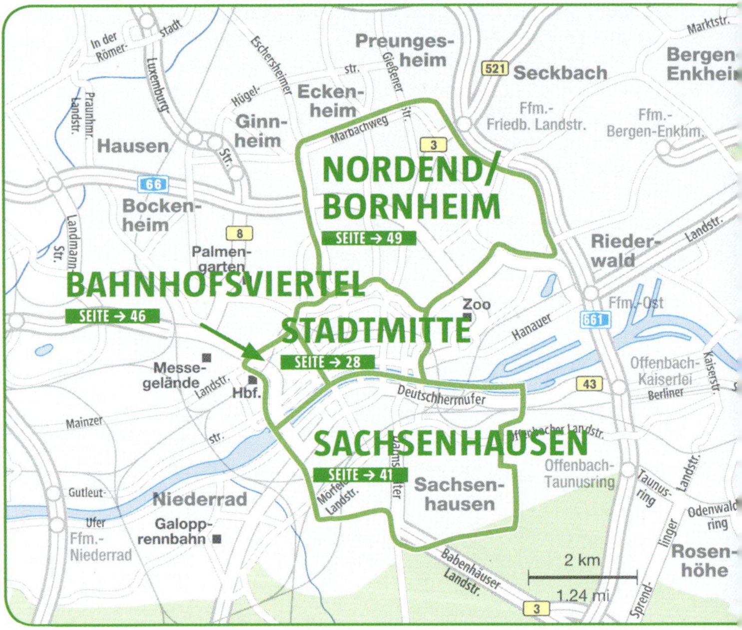

Die Karte zeigt die Einteilung der interessantesten Stadtviertel. Bei jedem Viertel finden Sie eine Detailkarte, in der alle beschriebenen Sehenswürdigkeiten mit einer Nummer verzeichnet sind

chitekten wie Hans Hollein, Richard Meier, Günter Behnisch oder Oswald Mathias Ungers verpflichtet. Neben den städtischen Sammlungen existieren reizvolle Privatkollektionen.

Da Kunst und Kommerz in der Handels- und Bankenstadt Frankfurt schon immer zusammengehörten, besitzen auch einige große Geldinstitute eigene Sammlungen, die sie mitunter für Besucher öffnen. Außerdem hat sich eine rege Galerienszene etabliert, vor allem in der Umgebung des Museums für Moderne Kunst, des Kunstvereins und der Kunsthalle Schirn. Das Gros der Museen verfügt über einen eigenen Internetauftritt. Als Navigationseinstieg empfiehlt sich *www.kultur.frankfurt.de;* eine gute Galerienübersicht mit aktuellen Ausstellungshinweisen bietet *www.frankfurt-galerien.de* unter dem Stichwort Frankfurt. Die Eintrittspreise in den Frankfurter Museen betragen zwischen 3 und 9 Euro, Kinder zahlen in der Regel die Hälfte. Am letzten Samstag im Monat gewähren einige städtische Museen freien Eintritt.

STADTMITTE

Im historischen Herzen Frankfurts drängen sich die Sehenswürdigkeiten wie in keinem anderen Viertel. Vom Domturm bietet sich durch das Projekt „Neue Altstadt", das die alten Straßenverläufe wieder aufgriff, ein guter Überblick über

die einstigen mittelalterlichen Strukturen am und um den Römerberg.
Das Foto vom Römerberg ist ein Muss für fast alle Gäste der Stadt. Zeitgenössische Moderne und verbliebene oder rekonstruierte Traditionsarchitektur stehen zwischen Eschenheimer Turm und Mainufer Mauer an Mauer. In der Paulskirche nahm die deutsche Demokratie ihren Anfang, Frankfurts Dichtersohn Johann Wolfgang von Goethe wuchs im nahen Hirschgraben auf, wo derzeit das Romantik-Museum entsteht. Und zwischen dem Museum für Moderne Kunst an der Braubachstraße, die sich mit dem Haus des Buches, dem Fotografieforum und Galerien immer mehr zur Kulturmeile mausert, und der Kaufhausmeile Zeil lassen sich Shoppen, Ausgehen und Kultur bestens miteinander verknüpfen – eine ganze Reihe von Restaurants, Bars, Clubs und Kinos sorgen für Vergnügen bis spät in den Abend.

1 ALTE BRÜCKE (117 F4–5) (*🕮 O4*)
Herzstück des historischen Handelswegs über den Main; bereits 1222 erstmals urkundlich erwähnt und lange Zeit die einzige feste Verbindung über den Fluss. Immer wieder zerstört und ausgebessert, wurde sie grundsaniert und bekam ein Brückenhaus: die Städelschule-Ausstellungsstätte *Portikus* (s. S. 45). Die Kopie eines Rosenkranzkreuzes am Cityaufgang der Brücke erinnert daran, dass einst zum Tode Verurteilte von der Brücke

MARCO POLO HIGHLIGHTS

★ Goethehaus und -museum
Wo des Dichters Wiege stand, lässt sich sowohl die Wohnkultur des 18. Jhs. erleben als auch die Kunst der Goethezeit → S. 33

★ Kaiserdom
Seit dem Mittelalter Krönungskirche und Wahlort Dutzender Herrscher sowie frühzeitliche königliche Grablege → S. 35

★ Museum für Moderne Kunst (MMK)
Hochkarätige zeitgenössische Kunst in einer ungewöhnlichen Hülle und einer Dependance in historischem Gemäuer → S. 37

★ Paulskirche
Die steinerne Wiege der deutschen Demokratie: Hier wurde die Basis für die erste liberale Verfassung gelegt → S. 38

★ Römerberg
Herz der Stadt mit dem Rathaus, Fachwerkbauten, der Alten Nikolaikirche → S. 39

★ Deutsches Filmmuseum
Kinogeschichte in all ihrer Vielfalt, präsentiert mit modernsten Mitteln → S. 42

★ Städel-Museum
Spektakuläre Sammlung von Alten Meistern bis zu den Künstlern der Moderne → S. 45

★ Schirn Kunsthalle
Miró, Yoko Ono oder German Pop: Weltkunst temporär vereint lautet das Konzept → S. 40

★ Hochhäuser/ Bankenviertel
Deutschlands höchste Dichte himmelsstürmender Phantasien → S. 46

★ Naturmuseum Senckenberg
Alles, was auf Erden kreucht(e) und fleucht(e) → S. 54

★ Palmengarten
Tropische Gewächse und vielerlei andere Pflanzen in einem historischen Landschaftspark → S. 54

gestoßen wurden. Die Insel vor den mit rotem Mainsandstein verkleideten Gewölbebögen ist Vogelschutzgebiet, regelmäßig machen hier Hunderte Zugvögel halt. *Bus 30/36 Schöne Aussicht*

2 ALTE NIKOLAIKIRCHE

(117 E4) (*🕮 N4*)

1264 erstmals urkundlich erwähnt, war die königliche Hofkirche im 15. Jh. Mittelpunkt der städtischen Almosenpflege und wurde als Ratskirche genutzt. Nach ihrer Aufstockung erhielt sie eine gotische Dachgalerie (1476), von der die Ratsherren die Festlichkeiten auf dem Römerberg verfolgten. Vor ihren Mauern entstand in hölzernen Wechselstuben Frankfurts Bankenwesen. Vom Turm ertönt täglich dreimal das 47-stimmige Glockenspiel (9.05, 12.05, 17.05 Uhr) mit jeweils zwei Melodien. *Tgl. 10–20, im Winter 10–18, im Advent 10–21 Uhr | Am Römerberg 9 | www.alte-nikolaikirche.de | www.musikaltnikolai.de | U 4/5 Dom/Römer*

3 ALTER JÜDISCHER FRIEDHOF

(117 F3) (*🕮 O4*)

Bereits im Mittelalter angelegt, ist dieses Totenareal das zweitälteste seiner Art in Deutschland, hinsichtlich seiner Geschlossenheit und Kontinuität (bis 1828) aber weltweit einmalig. Der älteste der meist aus rotem Sandstein gefertigten Grabsteine datiert von 1272, bis zum Beginn des 19. Jhs. befanden sich auf dem ca. 12.000 m² großen Areal, das auch den jüdischen Gemeinden der Umgebung als Begräbnisplatz diente, etwa 6500 Grabsteine. Bis zur ersten Stadterweiterung im Jahr 1333 lag der Friedhof noch außerhalb der Stadtmauern. 1996 wurde die Umfriedungsmauer durch die Anbringung von Namenstafeln als Gedenkstätte gestaltet; sie erinnert an die 12.000 zwischen 1922 und 1945 aus Frankfurt deportierten und ermordeten Juden. *Battonnstraße | Schlüssel beim Friedhofsverwalter, Tel. 069 76 80 36 790, Eckenheimer Landstr. 238 | U-/S-Bahnen Konstabler Wache*

Neben Fachwerk prägt die Alte Nikolaikirche den Römerberg – Frankfurts „gudd Stubb"

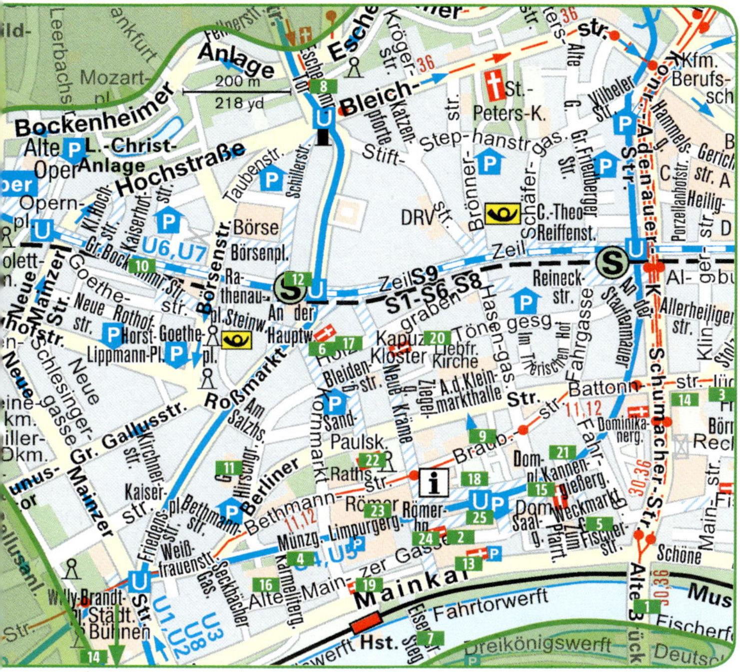

SEHENSWERTES IN DER STADTMITTE

Fußgängerzone

- 1 Alte Brücke
- 2 Alte Nikolaikirche
- 3 Alter Jüdischer Friedhof
- 4 Archäologisches Museum
- 5 Caricatura – Museum für Komische Kunst
- 6 Deutsches Museum für Kochkunst und Tafelkultur
- 7 Eiserner Steg
- 8 Eschenheimer Turm
- 9 Fotografie Forum Frankfurt
- 10 Freßgass'
- 11 Goethehaus und -museum
- 12 Hauptwache
- 13 Historisches Museum
- 14 Jüdisches Museum und Museum Judengasse
- 15 Kaiserdom
- 16 Karmeliterkloster
- 17 Katharinenkirche
- 18 Kunstverein
- 19 Leonhardskirche
- 20 Liebfrauenkirche
- 21 Museum für Moderne Kunst (MMK)
- 22 Paulskirche
- 23 Römer
- 24 Römerberg
- 25 Schirn Kunsthalle

4 ARCHÄOLOGISCHES MUSEUM

(117 D4) ***(🕮 N4)***

Funde aus der Römerstadt Nida-Heddernheim bilden den Kern der interessanten Sammlung in der ehemaligen Karmeliterkirche, die um moderne Anbauten von Josef Paul Kleihues ergänzt wurde. Dazu geben Exponate aus sechs Jahrtausenden Auskunft über das Leben u. a. in der Frühzeit des Irans und Anatoliens. *Di–So 10–18, Mi bis 20 Uhr | Karmelitergasse 1 | 7 Euro | www.archaeologisches-museum.frankfurt.de | U 1–5 Willy-Brandt-Platz | U 4/5 Römer*

5 CARICATURA – MUSEUM FÜR KOMISCHE KUNST (117 E4) *(🗺 O4)*
Etwa 8000 skurrile Originalzeichnungen der Begründer der Neuen Frankfurter Schule, zu denen u. a. Hans Traxler, Chlodwig Poth, F. W. Bernstein, Robert Gernhardt zählen, bilden den Grundstock für das junge Museum im Leinwandhaus. Regelmäßige Sonderausstellungen. *Di, Do/Fr 11–18, Mi 11–21, Sa/So 10–18 Uhr | Weckmarkt 17 | 6 Euro | www.caricatura-museum.de | U 4/5 Dom/Römer*

6 DEUTSCHES MUSEUM FÜR KOCHKUNST UND TAFELKULTUR (117 E3) *(🗺 O3)*
Um Bethmännchen, Brenten, Wein, historische Speisekarten und energiearmes Kochen geht es in der ersten Ausstellung des Ende 2015 eröffneten Museums. Die u. a. von Eckart Witzigmann geförderte Institution knüpft an die Aktivität des bis 1937 am Untermainkai beheimateten Kochkunstmuseums an und dokumentiert die weit zurückreichende Geschichte der Gastkultur der Stadt. *Sa/So 14–18 Uhr | Holzgraben 4 | 4,50 Euro | www.tafelkultur.com | U-/S-Bahnen Konstabler Wache*

LOW BUDG€T

Jeden dritten Samstag im Monat bummeln die Mitglieder des *Freundeskreises Liebenswertes Frankfurt e. V. (www.frankfurt-liebenswert.de)* unentgeltlich mit Interessenten zwei Stunden lang durch die Stadt. *Treffpunkt: 14 Uhr an der Uhr vor dem Café Hauptwache* **(117 D3)** ***(🗺 N3)***.

Studenten zeigen täglich um 14 Uhr „ihre" Stadt bei der *Frankfurt Free Alternative Walking Tour* **(116 B4)** ***(🗺 M4)*** *(Treffpunkt: Kaiserstr. 69 | Preis nach Ermessen | www.alternative-walking-tour.com)*.

Unter dem Titel *Prime Time* lädt das *Städel-Museum* jeden 2. Freitag im Monat um 20 Uhr ein, Objekte in entspannter Atmosphäre aus verschiedenen Blickwinkeln kennenzulernen – für 15 Euro inkl. Eintritt.

7 EISERNER STEG (117 E4–5) *(🗺 N4)*
Frankfurts Bürger finanzierten diese Fußgängerbrücke 1868/69 selbst vor und erhoben dann fast zwei Jahrzehnte lang Brückenzoll. Der Frankfurter Expressionist Max Beckmann setzte der eisernen Konstruktion mit seinem Bild „Eisgang auf dem Main", das im Städel-Museum zu sehen ist, ein künstlerisches Denkmal. Die Brückenmitte ziert ein Zitat aus Homers Odyssee, und im Sachsenhäuser Brückenkopf ist heute eine Bar untergebracht. *U 4/5 Römer*

8 ESCHENHEIMER TURM (117 D2) *(🗺 N3)*
Der ca. 50 m hohe gotische Turm, 1428 von Dombaumeister Madern Gerthener vollendet, gilt als der prächtigste des einstigen dritten Stadtrings. Als die Stadtmauer Anfang des 19. Jhs. abgerissen und durch die Wallanlagen ersetzt wurde, blieb der Eschenheimer (oder Eschersheimer) Torturm dank der Fürsprache des Gesandten der damaligen französischen Besatzer als einer der wenigen Stadttürme erhalten. *Eschenheimer Tor | U 1–3 Eschenheimer Turm*

9 FOTOGRAFIE FORUM FRANKFURT (117 E3) *(🗺 O4)*
Ob eine Hommage an Henri Cartier-Bresson oder die Aufnahmen der Frankfurter Lichtbildnerin Barbara Klemm

von den wilden 68ern bis in die 80er – das FFF ist ein viel beachteter Hort für Wechselausstellungen zeitgenössischer und klassischer Fotografie. *Di/Do–So 11–18, Mi 11–20 Uhr | Braubachstr. 30–32 | 6 Euro | www.fffrankfurt.org | U 4/5 Dom/Römer | Straßenbahn 11/12 Paulskirche/Römer*

10 FRESSGASS' (116 C2) *(ꝏ N3)*

Flanieren und schlemmen zwischen Alter Oper und Zeil, weitgehend vor historischen Fassaden und ganz ungestört vom Autoverkehr. Akzentuiert wird die kurze Fußgängerzone durch die begehbare Brunnenanlage aus grauem Granit von Inge Hagner und eine dralle, steinerne Liegende, im Volksmund „Fett Gret" genannt. Im Sommer findet auf dem edlen, kopfsteingepflasterten Laufsteg der Rheingauer Weinmarkt statt, alljährlich im Mai steigt das Freßgassfest. *U-/S-Bahnen Hauptwache | U 6/7 Alte Oper*

11 GOETHEHAUS UND -MUSEUM ★ ● (117 D4) *(ꝏ N4)*

Eine der wichtigsten Dichtergedenkstätten Deutschlands. Am 28. August 1749 erblickte Johann Wolfgang von Goethe im Großen Hirschgraben 23 das Licht der Welt. Sein Elternhaus brannte allerdings im Zweiten Weltkrieg völlig aus; das heutige Gebäude ist eine Rekonstruktion. Die Einrichtung jedoch spiegelt die typische bürgerliche Wohnkultur im Spätbarock. Schreibtisch und Arbeitspult im „Dichterzimmer" sind gerettete Originale. Das benachbarte *Goethemuseum* birgt zahlreiche Handschriften und Gemälde aus der Goethezeit. Die vierzehn Räume der Bildergalerie zeigen Werke sowohl Frankfurter Maler als auch bedeutender Künstler des deutschsprachigen Raums wie Caspar David Friedrich, Johann Heinrich Füssli, Angelika Kauffmann, Johann Wilhelm Tischbein u. a. *Mo–Sa 10–18, So 10–17.30 Uhr, Führungen tgl. 14 und 16, So*

Der Dichterfürst Johann Wolfgang von Goethe wuchs im Großen Hirschgraben auf

Gotteshaus und zugleich Krönungssaal: der Kaiserdom

auch 10.30 Uhr, Gemäldesammlung Mi 15 Uhr | Großer Hirschgraben 23 | 7 Euro, mit Sonderausstellung 10 Euro | www.goethehaus-frankfurt.de | U-/S-Bahnen Hauptwache

Weitere Exponate der Sammlung des Freien Deutschen Hochstifts, darunter auch historische Handschriften und Briefe, bilden den Grundstock für das *Deutsche Romantik-Museum (deutsches-romantik-museum.de)*, das bis 2018 auf dem Gelände der sogenannten Goethe-Höfe entstehen wird.

12 HAUPTWACHE (117 D3) (*N3*)

Einst Wachlokal und Gefängnis, in dem u. a. der Bruder des Naturforschers Johann Christian Senckenberg und der berühmte „Schinderhannes" einsaßen, dient das 1731 vollendete Gebäude heute wie schon um 1900 als Café. Außerdem markiert die Hauptwache das Zentrum des städtischen Nahverkehrs: Unter ihr liegt der wichtigste U-Bahnknoten Frankfurts. Für dessen Bau wurde das Ensemble komplett ab- und nach zwei Jahren, 1968, originalgetreu wieder aufgebaut. Geschichtliche Bedeutung erlangte die Hauptwache durch den Wachensturm 1833, als junge Revolutionäre ein Signal zur Errichtung einer Republik geben wollten. *An der Hauptwache 15 | U-/S-Bahnen Hauptwache*

13 HISTORISCHES MUSEUM (117 E4) (*N4*)

Frankfurts Geschichte vom Spätmittelalter bis ins 20. Jh., veranschaulicht durch Ratssilber, Münzen, Textilien, Grafiken, Gemälde und Kunsthandwerk sowie regelmäßigen thematischen Wechselausstellungen.

Ab 2017 erhält das Museum am angestammten Ort ein neues Domizil; die Architektur des Neubaus orientiert sich am Stil der historischen Römerbergbebauung. Teile der umfangreichen Sammlung werden bereits in den sanierten Altbauten des Saalhofs (inkl. Rententurm) präsentiert. Zudem finden in diesen Räumlichkeiten regelmäßig Jazzkonzerte und Tanzveranstaltungen statt. *Di–So 10–17, Mi bis 21 Uhr | Fahrtor 2 | 7 Euro, am letzten Sa im Monat Eintritt frei | www.historisches-museum.frankfurt.de | U 4/5 Dom/Römer*

14 JÜDISCHES MUSEUM UND MUSEUM JUDENGASSE

Im ehemaligen Palais der Bankiersfamilie Rothschild sowie einem ebenfalls im klassizistischen Stil gehaltenen Nachbargebäude ist seit 1988 das *Jüdische Museum* (116 C5) (*🕮 N4*) *(wegen Umbau geschl. | Untermainkai 14–15 | U 1–3 Willy-Brandt-Platz)*, das erste in Deutschland, untergebracht. Es wird nun saniert und erhält bis 2018 einen Erweiterungsbau. Die Dependance *Museum Judengasse* (117 F3) (*🕮 O4*) *(Di 10–20, Mi–So 11–18 Uhr | Battonnstr. 47 | 6 Euro | U-/S-Bahnen Konstablerwache | Straßenbahn 11/12 Battonnstraße)* am Rand des einstigen Ghettos birgt bereits seit Frühjahr 2016 eine komplett neu gestaltete Dauerausstellung zum jüdischen Alltagsleben in der frühen Neuzeit. *www.juedischesmuseum.de*

15 KAISERDOM ★ ●

(117 E4) (*🕮 O4*)

Hervorgegangen aus der karolingischen Salvator-Kapelle (852), war die St.-Bartholomäus-Kirche seit dem Mittelalter Wahlort der deutschen Könige. Von 1562 an wurden in ihr zehn deutsche Kaiser gekrönt. Das brachte ihr die Ehrenbezeichnung Dom ein – obwohl sie kein Bischofssitz war und bis heute nicht ist. 1867 brannte der gotische Hallenbau nieder; sämtliche Glocken schmolzen. Im Stil der Neugotik baute man ihn 1880 wieder auf. Erst damals wurde auch der 96 m hohe Turm vollendet, zu dessen Spitze 332 Stufen führen. Der Zweite

JÜDISCHE SPUREN

Ludwig Börne, die Rothschilds, Max Beckmann, die Oppenheims, Paul Ehrlich, Anne Frank ... 30 000 jüdische Bürger zählte die Mainmetropole einst. Noch im ersten Drittel des 20. Jhs. förderten mehr als sechzig jüdische Stiftungen Kunst und Wissenschaft, fast zwei Drittel des Finanzgeschäfts lagen in jüdischer Hand. Nach der Deportation durch die Nazis, die von der Großmarkthalle auf dem heutigen EZB-Gelände ausging, wo Ende 2015 eine *Erinnerungsstätte* **(121 D5)** ***(🕮 P4)*** *(short.travel/ffm8 | U 6 Ostbahnhof)* eingeweiht wurde, brachen ganze Wirtschaftszweige zusammen. Der *Alte Jüdische Friedhof* (s. S. 30) geht zurück auf das 13. Jh. Die 1911 eröffnete *Westend-Synagoge* wurde nach dem Krieg rekonstruiert; 1980 entstand in ihrer Nähe das *Ignatz-Bubis-Gemeindezentrum* **(119 F4)** ***(🕮 M3)*** *(Savignystr. 66 | U 4 Festhalle/Messe)* mit dem koscheren Restaurant *Sohar's (Mo geschl. | Tel. 069 75 23 41 | www.sohars-restaurant.com | €€)*. Das *Jüdische Museum* (s. S. 35) und das *Museum Judengasse* (s. S. 35) geben Einblick ins jüdische Leben, an die im KZ Bergen-Belsen verstorbene Anne Frank erinnert u. a. eine Ausstellung in der *Bildungsstätte Anne Frank* **(120 A1)** ***(🕮 M1)*** *(So 12–18 Uhr | Hansaallee 150 | Eintritt frei | www.bs-anne-frank.de | U 1–3/8 Dornbusch)*. Über das jüdische Ostend informiert eine Ausstellung in einem *Hochbunker* **(121 D4)** ***(🕮 P3)*** *(So 11–14 Uhr | Friedberger Anlage 5–6 | 3 Euro | www.synagoge-friedberger-anlage.de | S-Bahnen Ostendstraße)*, der auf den Grundmauern der einst größten Frankfurter Synagoge errichtet wurde.

Weltkrieg brachte erneut schwere Schäden am Dom; erst 1953 war er wiederhergestellt. Die historischen Ausmalungen wichen dabei schlichtem Weiß. Seit der Restaurierung zur 1200-Jahr-Feier Frankfurts 1994 bestimmt nun kräftiges Ziegelrot nach mittelalterlichem Vorbild die Wände und Pfeiler. Im Zuge dieser Restaurierung wurden im Dom auch archäologische Grabungen durchgeführt. Dabei entdeckten die Experten das Grab eines merowingischen Mädchens. Ihre Grabbeigaben sind im *Dommuseum (Di–Fr 10–17, Sa/So 11–17 Uhr | www.dommuseum-frankfurt.de)* ausgestellt. Zu den Schätzen im Inneren der Kirche zählen der Bartholomäus-Fries (15. Jh.), das Chorgestühl (Mitte 14. Jh.), der Maria-Schlaf-Altar (1434) sowie die Kreuzigungsgruppe (1509). Vor dem Dom finden sich im archäologischen Garten die ältesten Spuren Frankfurts: Reste eines römischen Militärlagers mit Thermen sowie der karolingischen Königspfalz. *Tgl. 8–12 und 14.30–18 Uhr, in der Mittagszeit und Freitagvormittag ist nur die Turmhalle geöffnet, Führung tgl. 15 Uhr | Domplatz 1 | 3 Euro | U 4/5 Dom/Römer*

16 KARMELITERKLOSTER ●
(117 D4) *(🗺 N4)*

Eines der bedeutendsten erhaltenen historischen Bauwerke der Stadt. Seine Geschichte reicht zurück ins 13. Jh. Nach einem Umbau gestaltete Jörg Ratgeb es ab 1514 mit Fresken aus. Jene im Kreuzgang sind weitgehend zerstört, die erhaltenen Abschnitte wurden restauriert. Ursprünglich stellten sie auf 80 x 4 m als größtes Wandbild nördlich der Alpen die Heilsgeschichte dar. Das Gemälde im Refektorium mit der Ordenshistorie ist relativ gut erhalten. Das Kloster ist heute Sitz des Instituts für Stadtgeschichte. Die Klosterkirche wird vom Museum für Vor- und Frühgeschichte genutzt. In den Klosterräumen finden regelmäßig Ausstellungen, Vorträge und Konzerte statt. *Mo–Fr 10–18, Sa/So 11–18 Uhr | Münzgasse 9 | Eintritt frei, außer bei Sonderausstellungen | Freskenführung jeden 3. So im Monat um 15 Uhr | 6 Euro | U 1–3 Dom/Römer, Willy-Brandt-Platz*

17 KATHARINENKIRCHE
(117 D3) *(🗺 N3)*

Frankfurts protestantische Hauptkirche steht an der Stelle des ehemaligen Jungfrauenklosters und Spitals des Deutschen Ordens. Am 9. März 1522 verkündete hier ein Schüler Luthers die Reformation in Frankfurt. 1678–1681 schuf Melchior Häßler einen neuen, nachgotischen Saalbau mit Flankenturm und barocken Zierportalen. Georg Philipp Telemann amtierte von 1712 bis 1721 als Kirchenmusikdirektor. Goethe wurde in der Katharinenkirche getauft und konfirmiert. 1944 wurde die Kirche zerstört, 1950–1954 wiederaufgebaut: außen detailgetreu, innen vereinfacht, mit Glasgemälden biblischer Szenen von Carl Cordel. Jeweils Mo und Do um 16.30 Uhr erklingt ein ● kostenloses 30-minütiges Orgelkonzert. *An der Hauptwache 1 | www.katharinenkirche.de | U-/S-Bahnen Hauptwache*

18 KUNSTVEREIN (117 E4) *(🗺 O4)*

Junge Kunst in alten Mauern – präsentiert in Galerienmanier, d. h. als Wechselausstellung mit Leihgaben aus aller Welt. Zudem Künstlergespräche, Lesungen, Filme. Die Baugeschichte des Hauses reicht bis zurück ins 15. Jh.; es entstand als Nachfolger zweier frühmittelalterlicher Fachwerkbauten, deren Rückfront zum Braubach zeigten, während die vorderen Fassaden dem Markt bzw. dem späteren Krönungsweg zugewandt waren. *Di/Mi, Fr 11–19, Do 11–21, Sa/So 10–19 Uhr | Markt 44 | Steinernes Haus | 8 Euro | www.fkv.de | U 4/5 Römer*

MMK: Modern ist nicht nur die Kunst, sondern auch die Architektur

19 LEONHARDSKIRCHE
(117 D4) *(N4)*

Frankfurts erste Pfarrkirche wurde 1219 als flach gedeckte Basilika mit schlanken Zwillingstürmen erbaut. Sie sind ebenso erhalten wie das Hauptportal, das nach dem Umbau zur Hallenkirche ab 1425 in den Innenraum versetzt wurde. Bemerkenswert: das kleine Portal der Südseite mit einer Anbetung der Könige im Bogenfeld (um 1415), das Gewölbe des Salvator-Chors, der bayerische Hochaltar, ein flandrischer Marien- sowie ein Kreuzaltar (alle Anfang 16. Jh.). *Am Leonhardstor 25 | U 4/5 Dom/Römer*

20 LIEBFRAUENKIRCHE
(117 E3) *(N3)*

Kirche und Klosterhof des *Kapuzinerklosters* sind eine Oase im Citygewimmel. Das im Inneren schlichte Gotteshaus wurde um 1310 als Marienkirche am Rand der Stadt errichtet und in der Folgezeit ständig umgebaut. Im Zweiten Weltkrieg zerstört, begann 1954 der Wiederaufbau der Kirche. Das Tympanonrelief mit der Anbetung der Weisen aus dem Morgenland (um 1425) schmückte einst das Portal an der Südseite. Heute ziert ein großflächiges INSIDER TIPP Wandgemälde von Guido Zimmermann eines der Klostergebäude. *Liebfrauenstr. 4 | U-/S-Bahnen Hauptwache*

21 MUSEUM FÜR MODERNE KUNST (MMK) ★
(117 E3) *(O3)*

„Tortenstück" nennen die Frankfurter den dreieckigen Bau von Hans Hollein, der zur Heimat wurde für hochkarätige Werkgruppen amerikanischer und europäischer Kunst der 1960er-Jahre aus der Sammlung Ströher. Diese Werke (u. a. Roy Lichtenstein, Claes Oldenburg, Joseph Beuys) wurden ergänzt durch eine Kollektion internationaler zeitgenössischer Kunst. Im gegenüberliegenden

Alten Zollamt zeigt das MMK wechselnde Arbeiten aus der allerjüngsten Generation. Neueste Dependance ist seit 2014 eine Etage im Taunusturm, in der Ausstellungen zu aktuellen Themen gezeigt werden. *Di/Do–So 10–18, Mi 10–20 Uhr | Domstr. 10 | 10 Euro | www.mmk-frankfurt.de | U 4/5 Römer*

22 PAULSKIRCHE ★ ●
(117 D4) (*🕮 N4*)

Kein Gotteshaus, sondern ein politisches Denkmal: als Stätte der ersten Deutschen Nationalversammlung 1848. Fast 800 Parlamentarier kamen hier an der Stelle des einstigen Barfüßerklosters zusammen, um Deutschland eine liberale Verfassung zu geben. Ein Monumentalfries (32 m) des Berliner Malers Johannes Grützke erinnert seit 1991 mit historischen, zeitgenössischen, allegorischen und anekdotischen Szenen an den Einzug der Volksvertreter in die 1833 geweihte Saalkirche. Nach dem Zweiten Weltkrieg nicht originalgetreu rekonstruiert und Ende der 1980er-Jahre erneut verändert, wird die Paulskirche heute vor allem für wichtige nationale Ehrungen genutzt: die Verleihung des Goethepreises z. B. oder des Friedenspreises des Deutschen Buchhandels. Im nüchternen Plenarsaal hängen die Flaggen aller Bundesländer. *Tgl. 10–17 Uhr außer bei Veranstaltungen | Paulsplatz 11 | U 4/5 Dom/Römer | Straßenbahn 11 Römer*

23 RÖMER (117 D–E4) (*🕮 N4*)

Frankfurts historisches Rathaus entstand 1405 aus den beiden mittelalterlichen Häusern Zum Römer (dessen vormaliger Besitzer vorwiegend mit Rom Handel getrieben haben soll) und Goldener Schwan. Drei Jahre lang wurde umgebaut. Im Erdgeschoss entstanden die bis 1846 benutzten Kauf- und Messehallen, darüber richtete man 1612 den Kaisersaal ein, in dem bis 1806 die Krönungsbankette von zehn deutschen Kaisern stattfanden. Bis Ende des 19. Jhs. kaufte die Stadt weitere elf Gebäude hinzu. Bomben zerstörten im Zweiten Weltkrieg das gesamte Ensemble. 1950–1953 wurde das Rathaus komplett wiedererrichtet. In dem modern wiedererbauten Kaisersaal sind Bildnisse von 52 deutschen Kaisern versammelt – von Karl dem Großen bis Franz II. Alle Werke entstanden erst im 19. Jh. An der Rückfront des Rathausensembles lässt sich im INSIDER TIPP *Römerhöfchen (Limpurger Gasse)* eine bedach-

ENTSPANNEN & GENIESSEN

Zwei Stunden Zeit zwischen Sightseeing und Dinner? Das reicht gut für einen kleinen Trip in den „Orient": Eines der acht Packages *(ab 35 Euro)* auf der orientalisch-asiatisch ausgestatteten ● *Tagesschönheitsfarm* **(117 F3)** **(*🕮 O3*)** *(tgl. 10–21, im Sommer ab 12 Uhr, Mo–Mi Damen, Do–So gemischt | Zeil 51 | Tel. 069 29 92 46 69 | www.hamam-frankfurt.de | U-/S-Bahnen Konstablerwache)* von Norbert Engler trägt diese Bezeichnung. „Orient" beginnt mit einem längeren Aufenthalt im marmorgekachelten Wärmeraum, dann folgen ein Peeling mit Naturseidenhandschuh und die Seifenschaummassage. Beim „Pascha"-Paket z. B. gibt es nach der Ruhephase auf dem Kissenlager oder auf der ruhigen Terrasse noch eine Ganzkörpermassage.

Prächtiges Beispiel für die Baukunst in der Renaissance: die Treppe im Römerhöfchen

te Treppenspindel entdecken, eines der wenigen erhaltenen Zeugnisse Frankfurter Renaissancebaukunst. *Kaisersaal tgl. 10–13 u. 14–17 Uhr (bei Veranstaltungen geschl.) | Römerberg 27 | 2 Euro | U 4/5 Dom/Römer*

24 RÖMERBERG ★ (117 E4) (*N4*)

Zentraler Platz der Frankfurter Altstadt, die bis zu ihrer Zerstörung kurz vor Ende des Zweiten Weltkriegs mit ihren mehr als 2000 Gebäuden als die größte noch in mittelalterlichen Formen erhaltene in Deutschland galt – obgleich viele Häuser erst im 17. und 18. Jh. erbaut worden waren. Auf dem leicht abschüssigen Areal, früher auch Samstagsberg genannt, wurden seit dem 9. Jh. Märkte und Kundgebungen abgehalten, Turniere ausgefochten und Feste gefeiert. INSIDER TIPP Besonders gestaltete Pflastersteine erinnern z. B. vor der Alten Nikolaikirche an die historische Ochsenküche, in der nach der Kaiserkrönung jeweils zwei Tage ein ganzer Ochse am Spieß gebraten wurde. Im 16. Jh. stand der Römerberg in dem Ruf, der schönste Platz im Heiligen Römischen Reich Deutscher Nation zu sein. Heute wird die „gudd Stubb" Frankfurts neben Römer und Nikolaikirche geprägt durch die 1986 nach historischen Plänen wiederaufgebauten Fachwerkhäuser der Ostzeile und des Schwarzen Sterns. Jedes dieser Gebäude ist ein typischer Vertreter mainischer Fachwerkbauweise. Sie heißen (von links): Großer Engel (hier wurde im 17. Jh. die erste Bank Frankfurts gegründet), Goldener Greif, Wilder Mann, Kleiner Dachsberg, Großer und Kleiner Lauberberg. Restaurants und ein Minicafé logieren in ihren Erdgeschossen. Schon früher florierte an dieser Stelle eine Apfelweinwirtschaft namens Heyland. Sie veranlasste die Einheimischen, auf die Frage nach dem höchsten Berg der Welt schelmisch zu antworten: „Der Römerberg – weil es von dort nur noch eine Stufe zum Heyland ist." In der Mitte des Römerbergs erhebt sich der Gerechtigkeitsbrunnen, der Justitia mit unverbundenen Augen, Waage und Schwert zeigt. Er sprudelt seit der Krö-

An Sommerabenden herrscht vor den Lokalen in Alt-Sachsenhausen Hochbetrieb

nung von Kaiser Matthias im 16. Jh.; damals floss aus ihm Wein. Wenige Schritte mainwärts erinnert eine Plakette im Kopfsteinpflaster an die Bücherverbrennung 1933 durch die Nationalsozialisten auf dem Platz. Rechts Richtung Flussufer erhebt sich am Fahrtor das Haus Wertheym, das einzige vom Bombenhagel 1944 verschonte Fachwerkgebäude des Römerbergs. An der Südflanke des Areals für den Neubau des Historischen Museums liegen Turm und Kapelle des restaurierten *Saalhofs*, eines königlichen Burghofs aus der Stauferzeit, der als Ersatz für die Karolingerpfalz am Main entstand. In der INSIDER TIPP Saalgasse konnten namhafte Architekten auf mittelalterlichen Parzellen die Formensprache der 1980er-Jahre realisieren.

Zwischen Ostzeile, Dom und Braubachstraße entsteht die neue Altstadt mit dem *Stadthaus am Markt* über den römischen Ausgrabungen und der Rekonstruktion von 15 historischen Häusern – darunter der „Esslinger", einst Wohnhaus von Goethes „Tante Melber" – sowie mit rund 20 Neubauten. Im Zuge der baulichen Verdichtung des historischen Areals soll eine steinerne Pergola als architektonische Klammer fungieren als auch auf den Verlauf der mittelalterlichen *via regia,* des Krönungswegs zum Dom, verweisen.

25 SCHIRN KUNSTHALLE ★

(117 E4) (*O4*)

„Kegelbahn" tauften die Einheimischen die lang gestreckte Ausstellungshalle. Ihre eigenen Schauen und die aus renommierten Häusern wie dem Musée d'Orsay, der Eremitage oder dem Guggenheim-Museum übernommenen Ausstellungen widmen sich vorwiegend der bildenden Kunst. Im interessant designten Museumsrestaurant *Badias (Mo geschl. | Tel. 069 98 66 99 69 | badias.de | €)* mit teils arabisch angehauchten Köstlichkeiten gibt es auch einen INSIDER TIPP Sonntagsbrunch. *Di/Fr–So 10–19, Mi/Do 10–22 Uhr | Römerberg 6 | 7–11 Euro (ausstellungsabhängig) | www.schirn.de | U 4/5 Römer*

SACHSEN-HAUSEN

Geballt finden sich auf der südlichen Seite des Mains die Schätze von Kunst- und Kultur: am Museumsufer. Auch die Apfelweintradition mit ihren urigen Schänken prägt Sachsenhausen.
Vom historischen Fachwerk *Alt-Sachsenhausens* zur modernen Architektur des Florentinischen Viertels mit seiner großzügigen Öffnung zum Fluss, den augenfälligen Wohntürmen und angesagten Restaurants sind es nur ein paar Schritte. Die Schweizer Straße lockt als schicke Einkaufsmeile, schöne Altbauten in ihrer Nähe und elegante Villen bis hinauf zum Stadtwald signalisieren, dass in Sachsenhausen Geld zu Hause ist. Flohmarkt und Frankfurts ältestes Fachwerkhaus (1291, Schellgasse 8) liegen zu Füßen der markanten, für ihre Akustik berühmten Dreikönigskirche.

1 BIBELHAUS (117 E5) (*N4*)

Erlebnismuseum rund um das „Buch der Bücher" – vom Nomadenzelt bis zur aktuellen Multimediawelt. *Di–Sa 10–17, So 14–18 Uhr | Metzlerstr. 19 | 5 Euro | www.bibelhaus-frankfurt.de | Straßenbahn 15/16 Schweizer-/Gartenstraße*

2 DEUTSCHES ARCHITEKTURMUSEUM (DAM) (116 C6) (*N4*)

Als „Haus im Haus" im Innern einer umgebauten historischen Villa konzipiert, bietet das DAM einen Überblick über die menschliche Bau- und Siedlungsgeschichte von der Steinzeit bis zur Wolkenkratzerära. Das Museum versteht sich als

BÜCHER & FILME

Kreuz und quer durch den Frankfurter Grüngürtel – Tourenvorschläge (Rad und Wandern) sowie Tipps für das fast 80 km² große Naturgebiet rund um die Stadt; herausgegeben vom Umweltamt Frankfurt

Frankfurt ist anders – Mit ihrem literarischen „Stadtplan" hat Eva Demski eine wunderbare Liebeserklärung an ihre langjährige Wahlheimat verfasst

Der Dichter, das Geld und die Grüne Sauce – Weinlese in der Stadt, eine Gemüsefrau, die auf Rennpferde setzt, Jazzgeschichte und jüdisches Erbe – die Themenpalette des Frankfurt-Reportagen-Bands von MARCO POLO Autorin Rita Henß ist breit gefächert

Von Affezäggus bis Zabbelfillibb – Wer wissen will, was eine „Ank" ist, wozu ein „Schawellsche" dient und wie der Frankfurter sonst so babbelt (spricht), dem hilft Hans W. Wolffs vergnüglicher Hessischintensivkurs

Männerhort – Das futuristische Shoppingcenter MyZeil diente als Kulisse für einige Szenen der auf dem gleichnamigen Roman von Kristof Magnusson basierenden Filmkomödie (2014) u. a. mit Detlev Buck und Cosma Shiva Hagen

Iron Sky – Alle New-York-Szenen der finnischen Science-Fiction-Komödie (2012) wurden in Frankfurt gedreht, u. a. an der Weseler Werft, in der Taunus- und in der Neuen Mainzer Straße

196 Stufen trennen die Aussichtsplattform des Goetheturms vom Stadtwaldboden

Ausstellungshalle mit immer wieder neuen Präsentationen. Für die Beschäftigung mit aktueller Architektur gilt es europaweit als eine der besten Adressen. *Di–So 11–18, Mi bis 20 Uhr | Schaumainkai 43 | 9 Euro | www.dam-online.de | U 1–3/8 Schweizer Platz*

3 DEUTSCHES FILMMUSEUM ★ ●

(117 D6) (*🕮 N4*)

Neben vielen interaktiven Medienstationen und historischen Exponaten – darunter eine mehr als 200 Jahre alte, aufwendig restaurierte Laterna magica – sowie einem eigenen Kino zeigt das Museum auch Requisiten wie den Helm von Darth Vader aus „Star Wars". Ergänzt wird die ebenso umfangreiche wie spannend präsentierte Sammlung in der sanierten und ausgebauten Jahrhundertwendevilla regelmäßig durch thematische Sonderausstellungen. *Di, Do–So 10–18, Mi 10–20 Uhr | Schaumainkai 41 | 6 Euro | www.deutsches-filminstitut.de | U 1–3/8 Schweizer Platz*

4 DREIKÖNIGSKIRCHE

(117 E5) (*🕮 O4*)

Der neugotische Hallenbau entstand 1880 auf den Fundamenten der mittelalterlichen Kapelle des Hospitals der Deutschordensritter. Sein 81 m hoher Turm war damals zweithöchstes Gebäude in Frankfurt nach jenem des Doms, dessen Formensprache er zitiert. Fenstermotive, Geläut und Orgel stammen aus den 1950er-Jahren. Die Dreikönigskirche ist berühmt für ihre Musiktradition, regelmäßig finden hier Kantatengottesdienste, Abendmusiken und Orgelkonzerte statt. *Dreikönigsstr. 32 | www.dreikoenigsgemeinde.de | Bus 46 Schulstraße | Bus 30/36 Elisabethenstraße*

5 GOETHETURM ●

(125 F4) (*🕮 Q6*)

Am Rand des Stadtwalds in Sachsenhausen steht der 1931 anlässlich des 100. Todestags des Dichters errichtete Goetheturm. Mit seinen 43 m ist er einer der höchsten hölzernen Aussichtstürme

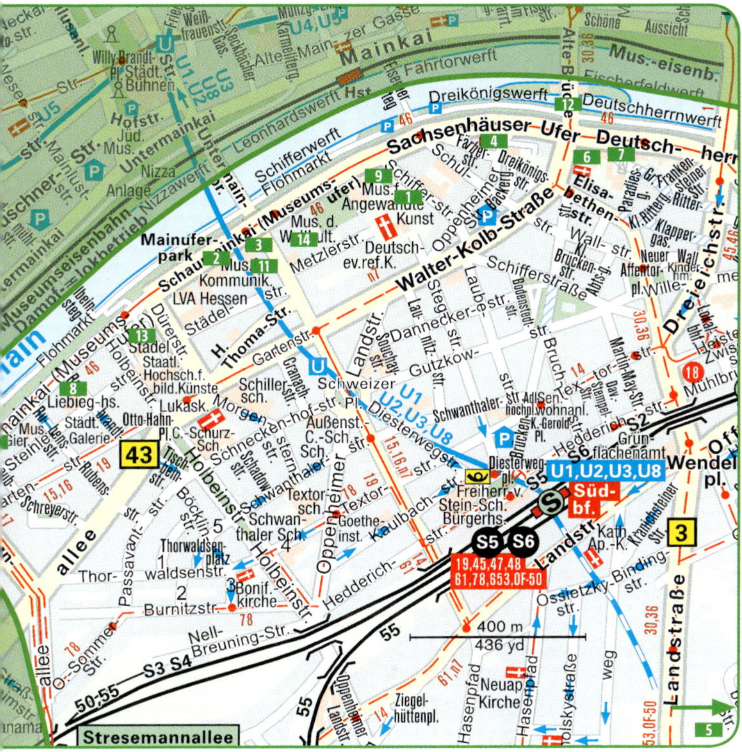

SEHENSWERTES IN SACHSENHAUSEN

Fußgängerzone

1 Bibelhaus
2 Deutsches Architektur-Museum (DAM)
3 Deutsches Filmmuseum
4 Dreikönigskirche
5 Goetheturm
6 Ikonen-Museum
7 Kuhhirtenturm
8 Liebieghaus – Museum Alter Plastik
9 Museum Angewandte Kunst
10 Museum Giersch
11 Museum für Kommunikation
12 Portikus
13 Städel-Museum
14 Weltkulturenmuseum

Deutschlands: Er bietet einen herrlichen Blick auf die Skyline und den Frankfurter Grüngürtel. An seinem Fuß gibt es zwei Waldspielparks (Gaststätte und Kiosk). 2014 wurde der Turm Balken für Balken erneuert und sein Vorplatz neu angelegt. *Sachsenhäuser Landwehrweg | Bus 30/36 Sachsenhäuser Warte*

6 IKONEN-MUSEUM (117 F5) (*🕮 O4*)

Oswald Mathias Ungers konzipierte die Räume hinter der Barockfassade des Deutschordenshauses. Neben Holzikonen sind Metallplastiken zu sehen. *Di–So 10–17, Mi 11–20 Uhr | Brückenstr. 3–7 | 6 Euro | www.ikonenmuseumfrankfurt.de | Bus 30/36 Elisabethenstraße*

7 KUHHIRTENTURM (117 F5) *(🕮 O4)*
Der spätgotische, auch „Elefant" oder „Paradiespförtchen" genannte Turm war Teil der Stadtbefestigung und diente bis ins 17. Jh. zum Schutz des Mainufers. 1923–1927 wohnte der Komponist Paul Hindemith hier, er war damals als Konzertmeister an der Frankfurter Oper engagiert. Im Kuhhirtenturm schrieb er u. a. seine Oper „Cardillac" und das „Marienleben". Nach Renovierung und Einrichtung eines Kammermusikraums präsentiert die Hindemith-Stiftung Leben und Wirken des Komponisten an authentischem Ort. Zudem werden in den historischen Räumen regelmäßig Wechselausstellungen gezeigt und außer im Juli und August findet einmal im Monat ein INSIDER TIPP Kammermusikkonzert statt. *So 11–18 Uhr sowie nach Vereinbarung: Tel. 069 5 97 03 62 | Große Rittergasse 118 | 3 Euro | www.hindemith.info | Bus 46 Schulstraße*

8 LIEBIEGHAUS – MUSEUM ALTER PLASTIK (116 C6) *(🕮 N5)*
Meisterwerke plastischer Kunst bewahrt der schlossartige Alterssitz von Heinrich Baron von Liebieg, Kunstsammler und Spross einer Textildynastie, deren Anfänge zurückreichen bis in die Zeit der österreichisch-ungarischen Monarchie. Liebieg persönlich verfügte, dass nach seinem Tod in seiner Villa „auf ewige Zeiten ein öffentliches Kunstmuseum" eingerichtet werden sollte, und bereits 1909 war diesem Wunsch entsprochen. Heute reicht die Palette der Exponate von antiken Skulpturen bis hin zu Bildhauerwerken des Klassizismus. Zum Museum gehört auch das schöne *Café im Liebieghaus (Mo geschl. | www.cafe-im-liebieghaus.de). Di/Mi, Fr–So 10–18, Do 10–21 Uhr | Schaumainkai 71 | 10 Euro | www.liebieghaus.de | Straßenbahn 15/16 Otto-Hahn-Platz*

9 MUSEUM ANGEWANDTE KUNST (117 D–E5) *(🕮 N4)*
Nach der Generalsanierung, bei der auch die ursprünglich vorgesehene Innengestaltung der lichten Kuben des Richard-Meier-Baus wiederhergestellt wurde, setzt das Haus auf temporäre Präsentationen eigener wie fremder Schätze – von Ostasiatika bis Mode und Design. Zugänglich ist auch die benachbarte *Villa Metzler* von 1804 mit ihren neun „Epochenräumen", die Wohnkultur und Zeitgeist der letzten 200 Jahre repräsentieren. *Di, Do–So 10–18, Mi 10–20 Uhr | Schaumainkai 17 | 9 Euro,* ● *letzter Sa im Monat Eintritt frei | www.museumangewandtekunst.de | Straßenbahn 15/16 Gartenstraße*

10 MUSEUM GIERSCH (124 B2–3) *(🕮 N5)*
Eine historische Villa bildet den stimmungsvollen Rahmen für das Werk von Künstlern aus Frankfurt und der Region; Schwerpunkt der privaten Sammlung ist das 19. Jh. *Di–Do 12–19, Fr–So 10–18 Uhr | Schaumainkai 83 | 5 Euro | www.museum-giersch.de | Straßenbahn 15/16 Otto-Hahn-Platz*

11 MUSEUM FÜR KOMMUNIKATION (116 C6) *(🕮 N5)*
Ursprünglich das Bundespostmuseum, inzwischen zeitgerecht eingekleidet von Günter Behnisch und ausgestattet mit zahlreichen interaktiven Stationen. Der inhaltliche Bogen der Dauerausstellung spannt sich von den Anfängen der Nachrichtenübermittlung bis zur modernen Informationsgesellschaft. Das *Museumscafé* bietet nicht nur Konditorkuchen, sondern auch ein wechselndes INSIDER TIPP Mittagsmenü. *Di–Fr 9–18, Sa/So 11–19 Uhr | Schaumainkai 53 | 3 Euro | www.mfk-frankfurt.de | U 1–3/8 Schweizer Platz*

12 PORTIKUS (117 F4) *(📖 O4)*
Das zur Städelschule gehörige Forum für zeitgenössische Kunst präsentiert neben aktuellen Arbeiten bekannter Künstler auch bedeutsame junge Positionen. Der Portikus hat sein Domizil in einem nach historischem Vorbild errichteten Brückenhaus mitten auf der bereits 1222 erstmals erwählten *Alten Brücke* gefunden, dem Herzstück des jahrhundertealten Handelswegs über den Main. Schon von Weitem zu sehen ist Olafur Eliassons Lichtinstallation im Dachgeschoss. *Di/Do–So 11–18, Mi 11–20 Uhr | Alte Brücke 2 | Maininsel | Eintritt frei | www.portikus.de | Bus 46 Schulstraße | Bus 30/36 Schöne Aussicht (Frankfurter Seite)*

13 STÄDEL-MUSEUM ★
(116 C6) *(📖 N5)*
Alte Meister und Werke der Moderne stehen im „Städel" in einem spannenden Dialog. Berühmte Vertreter der Vergangenheit sind u. a. Jan van Eyck, Johann Heinrich Tischbein, Auguste Renoir und Edouard Manet; die frühe Moderne vertritt eindrucksvoll Max Beckmann. Wechselnde Sonderausstellungen bereichern die ständige Sammlung, deren historischer Kern der Stiftung des Frankfurter Kaufmanns und Kunsthändlers Johann Friedrich Städel zu verdanken ist. Das „Städel" besitzt auch rund 600 Skulpturen. 2011 erhielt das Städel einen spektakulären Erweiterungsbau – unterirdisch, mit Lichtdomen im Rasen des Gartens. Gleichzeitig wurde die Präsentation im Altbau völlig neu konzipiert. *Di/Mi, Sa/So 10–18, Do/Fr 10–21 Uhr | Schaumainkai 63 | 14 Euro | www.staedelmuseum.de | U 1–3/8 Schweizer Platz | Straßenbahn 15/16 Otto-Hahn-Platz*

Hinter der repräsentativen Fassade des Städels wartet Kunst aus 700 Jahren

14 WELTKULTURENMUSEUM
(117 D5) *(📖 N4)*
Wechselnde Themenausstellungen mit oft kritischen Fragestellungen und Künstlerarbeiten aus bzw. Forschungsarbeiten

zu den entsprechenden Ländern. Das Museum besitzt mehr als 60 000 ethnografische Objekte aus Ozeanien, Afrika, Südostasien sowie Nord-, Mittel- und Südamerika. Einige werden im Weltkulturen-Labor neu bewertet. *Di, Do–So 10–18, Mi 10–20 Uhr | Schaumainkai 29–37 | 7 Euro, Labor/Green Room 3 Euro | www.weltkulturenmuseum.de | U 1–3/8 Schweizer Platz | Straßenbahn 15/16 Gartenstraße*

BAHNHOFS-VIERTEL

Frankfurts einstiges Renommierviertel und Tor zur Stadt – schon um 1830 gab es auf dem Areal drei Bahnhöfe, 1881 wurde der Central-Bahnhof (heute: Hauptbahnhof) eingeweiht, 1905 das Schumann-Varietétheater mit 5000 (!) Plätzen – ist heute das vielseitigste und exotischste Viertel der Stadt.

Reich an Gründerzeitarchitektur und einzigartigem internationalen Flair (in der und um die Münchner Straße gibt es Läden und Restaurants von arabisch bis indisch, von chinesisch bis vietnamesisch), lebt es gleichzeitig mit traditionellen Handwerksbetrieben, Kultureinrichtungen, dem Rotlichtmilieu, Bankern, Kreativen und Drogenabhängigen. Rund 20 Mio. Euro wurden inzwischen für die Sanierung des zweitkleinsten Frankfurter Stadtviertels bewilligt; vielerorts zeigt sich bereits, dass der einstige Glanz und das hohe Ansehen langsam, aber sicher zurückkehren.

1 HOCHHÄUSER/ BANKENVIERTEL ★

(118 A–C 3–4) (*M–N 3–4*)

Noch in den 1950er-Jahren war der Kaiserdom mit 96 m das höchste Gebäude der Stadt. Heute prägen fast hundert Hochhäuser die Frankfurter Skyline, einige ragen gut 300 m in den Himmel. Bei den jüngsten zeigten die Architekten

Noch ist der Commerzbank Tower der höchste Wolkenkratzer „Mainhattans"

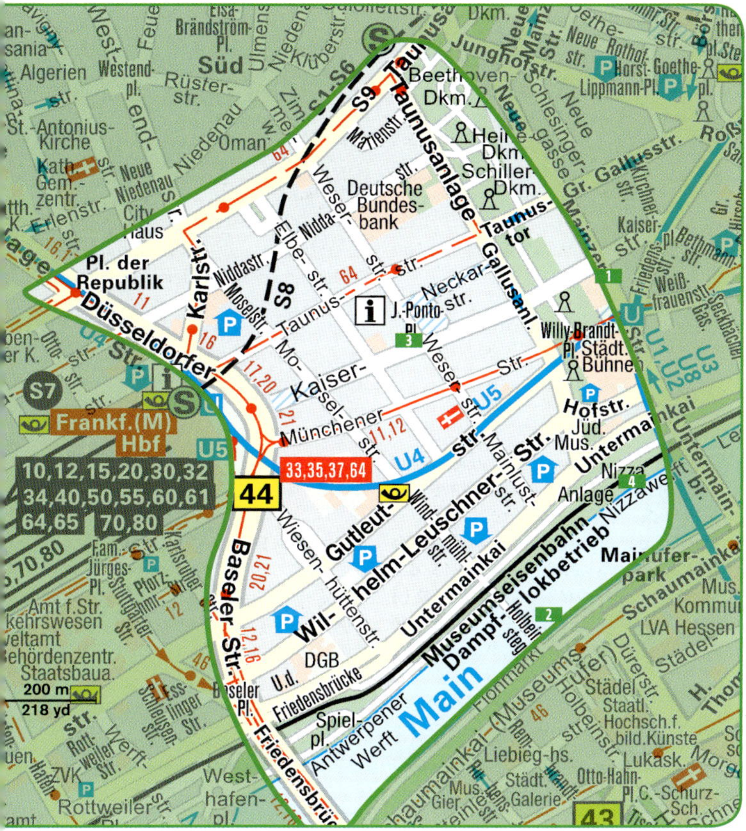

SEHENSWERTES IM BAHNHOFSVIERTEL

Fußgängerzone

1 Hochhäuser/Bankenviertel
2 Holbeinsteg
3 Kaiserstraße
4 Nizza

zwar wieder mehr Bescheidenheit, der *Westhafentower* etwa (in dem viele gern ein typisches, geripptes Apfelweinglas erkennen) misst nur 99 m, das Gallileo-Haus der Dresdner Bank am Jürgen-Ponto-Platz 136 m und der Skyper an der Taunusanlage 151 m. Der Tower 185 an der Messe bringt es immerhin auf 200 m, der Taunusturm auf 170 m und der Skytower der EZB im Osten auf 185 m. Doch im neuen Europaviertel an der Messe, das 2019 fertiggestellt sein soll, besteht Baurecht für weitere Türme, darunter jenen mit dem Arbeitsnamen Millenniumtower mit bis zu 369 m Höhe. Er könnte die bisherige Spitze Frankfurts (und Deutschlands), Sir Norman Fosters 259 m hohen *Commerzbank Tower (Große Galluss-*

tr. 17–19), der mit Antenne 300 m misst, übertrumpfen und wird dann Europas dritthöchstes Bauwerk sein – nach dem Shard-London-Bridge-Turm und dem Moskauer Mercury City Tower. Das Gros der Frankfurter Wolkenkratzer konzentriert sich im Bankenviertel zwischen Alter Oper und Hauptbahnhof. Es sind meist Bürogebäude, deren Inneres nicht besichtigt werden kann. Als bislang einziges Hochhaus bietet der ● *Main Tower (So–Do 10–21, Fr/Sa 10–23, im Winter bis 19 bzw. 21 Uhr, wetterbedingte Schließungen möglich | Neue Mainzer Str. 52–58 | 6,50 Euro | www.maintower.de)* auf 200 m eine Besucherplattform.

2 HOLBEINSTEG (116 C6) *(N5)*

Modernes Pendant zum Eisernen Steg, 1990 nach Plänen von Albert Speer realisiert. Die an Stahltrossen aufgehängte Fußgängerbrücke führt vom Bahnhofsviertel zum Museumsufer und ist abends effektvoll beleuchtet. *U-/S-Bahnen Hauptbahnhof*

3 KAISERSTRASSE (116 B–C 4–5) *(M–N4)*

Lange Zeit war sie nur Synonym für das Rotlicht- und Drogenmilieu, zumindest in Bahnhofsnähe. Dank der Sperrgebietsverordnung, die Prostitution und Pornoshops weitgehend in die Nebenstraßen verdrängte, ist die Kaiserstraße inzwischen mehr und mehr Einkaufsadresse geworden. Die Qualität des Angebots steigt mit der Nähe zur Innenstadt; dienstags und donnerstags gibt es einen Wochenmarkt. Viele Häuser zeugen noch von der einstigen Pracht des Boulevards, der nach der Niederlegung des Cronstetten-Stifts 1864 die Westorientierung der Stadt eröffnete. Der Fürstenhof an der Ecke Gallusanlage wurde entkernt, hinter der historischen Fassade entstanden edle Geschäftslokale.

Außerdem etablierten sich in den Gründerzeitbauten hippe Bars und Szeneclubs, Künstler und Kreative zogen in die großen Wohnungen ein. Das English Theatre hat sein neues Domizil in einem Bankenhochhaus an der Kaiserstraße. Am Kaiserplatz stehen der bislang höchste Wolkenkratzer der Stadt und das noble Traditionshotel Frankfurter Hof, davor sprudelt der Kaiserplatzbrunnen (1876). Die Kaiserstraße endet am Roßmarkt, wo seit 1858 das Gutenbergdenkmal steht. Neben dem Erfinder der Buchdruckerkunst, Johannes Gutenberg, symbolisieren vier allegorische Figuren Theologie, Poesie, Naturwissenschaften und Industrie; die 14 Männerköpfe zeigen damals bekannte Drucker und Verleger. *U-/S-Bahnen Hauptwache/Hauptbahnhof*

4 NIZZA ● (116 C5) *(N4)*

Frankfurts wärmste Ecke: Fast das ganze Jahr über blüht und grünt es auf dem bereits 1866–1875 angelegten Areal am Mainufer zwischen Untermain- und Frie-

Auch das Caférestaurant Main-Nizza verströmt mit seinen großen Glasfronten südländische Leichtigkeit

densbrücke. Mehr als 150 exotische Gehölze wachsen hier im mediterranen Mikroklima der Sandsteinmauern: Feigen, Bitterorangen, Zitronen- und Erdbeerbäume, Ginkgos, japanische Faserbananen etc. Jogger, Skater, Radfahrer und Spaziergänger genießen das südländische Uferflair und das kulinarische Angebot des Caférestaurants *Main-Nizza (tgl. | mainnizza.de | €€). Untermainkai | U 1–5 Willy-Brandt-Platz*

NORDEND/ BORNHEIM

Multikulturell und so dicht besiedelt wie kaum ein anderer Teil der Stadt und akzentuiert durch die lange Berger Straße mit ihren vielen Läden, Kneipen, Cafés und Bistros, ist Frankfurts politisch wie botanisch grüner Norden lebendiger Treffpunkt für Einheimische und Zugereiste.

Jung und Alt finden hier ihre passenden Adressen, ob Marktplatz, Parks zum Joggen oder für Kids, mit Skylineblick und sommerlichem Konzertangebot. Alles ist hier versammelt, ob winkelige Dorfatmosphäre wie jenseits der Saalburgallee (Bornheim wurde erst 1877 eingemeindet) oder Gründerzeitcharme mit Kreativ- und Studentenflair nur einen Steinwurf entfernt von der City.

1 BETHMANNPARK (117 F1) *(03)*

Durch dicke Mauern vom Großstadtverkehr abgeschirmt, wurde die an Blumenbeeten reiche Oase auf dem einstigen Gartengelände der Bankiersfamilie Bethmann angelegt. Ursprünglich umfasste der Park auch das Areal um das *Odeon (Seilerstr. 34)*. Ein Schmuckstück ist der von Experten aus dem Reich der Mitte konzipierte *Chinesische Garten* (1989). Mit Teich, Brücke und drachengeschmücktem Stufenportal entspricht er den Feng-Shui-Gestaltungsprinzipien. *Berger Straße | U 4 Merianplatz*

2 GÜNTHERSBURGPARK
(121 D–E 1–2) (*P1*)

Das Gelände des ehemaligen Landsitzes der Familie Rothschild lädt mit seinem alten Baumbestand und vielen freien Wiesenflächen zum Relaxen ein. Es herrscht Hundeverbot, deshalb ist dieser Park bei Eltern mit kleinen Kindern sehr beliebt. Besondere Attraktionen für Kids sind die Wasserspiele im Sommer und die ca. 10 m hohe Kletteranlage. *Wetteraustraße/Comeniusstraße | U 4 Bornheim Mitte | Straßenbahn 12 Hartmann-Ibach-Straße*

3 INSIDER TIPP HAUPTFRIEDHOF
(120 C1) (*O1*)

Als englische Parkanlage konzipierte Stadtgärtner Sebastian Rinz den 1828 eröffneten Totenacker. Hinter dem klassizistischen Säulenportal liegen illustre Persönlichkeiten begraben, u. a. die Philosophen Arthur Schopenhauer und Theodor W. Adorno, Mundartdichter Friedrich Stoltze, „Struwwelpeter"-Autor Heinrich Hoffmann, Gehirnforscher Alois Alzheimer, Schriftstellerin Ricarda Huch sowie Goethes „Suleika", Marianne von Willemer. *Eckenheimer Landstr. 188–190 | U 5 Hauptfriedhof*

4 HOLZHAUSENPARK
(120 B2) (*N2*)

Bereits im 14. Jh. stand hier eine Wasserburg, die „Große Oed". Seit 1503 war sie im Besitz derer von Holzhausen, eines der ältesten Patriziergeschlechter der Stadt. Im 18. Jh. machte die Familie ihr Landgut zum Hauptwohnsitz. Das *Holzhausenschlösschen (Führungen auf Anfrage | 10 Euro | www.frankfurter-buergerstiftung.de)* inmitten des Teichs wurde 1728 erbaut; es wirkt aber eher klassizistisch als barock. Heute veranstaltet die Frankfurter Bürgerstiftung in den Räumen, die derzeit renoviert werden, Konzerte, Lesungen, Ausstellungen und Events für Kinder. *Holzhausenstraße | U 1–3 Holzhausenstraße*

Zum Drink nach dem Abendspaziergang lädt der Kiosk im Günthersburgpark

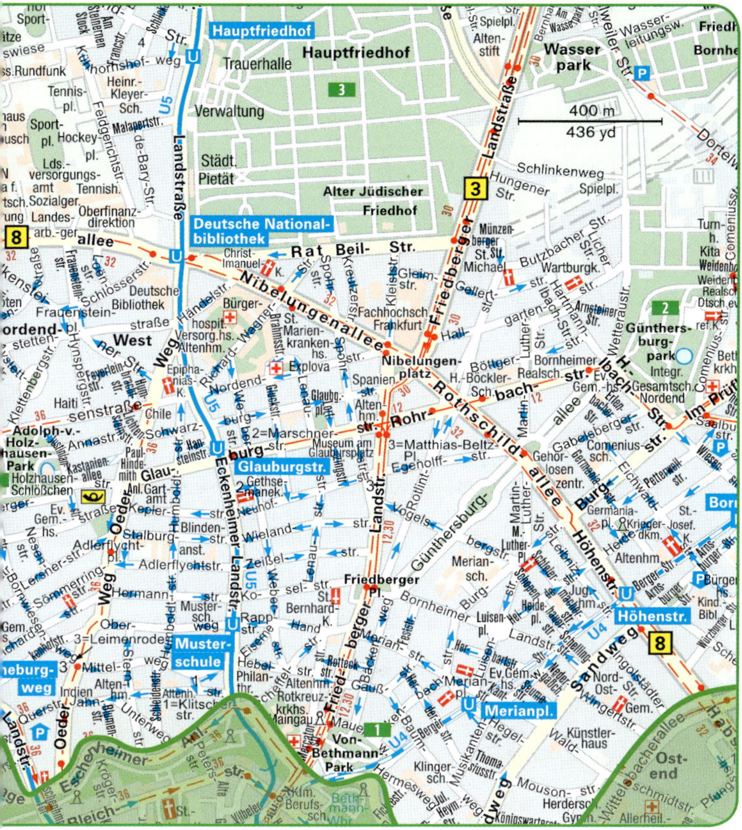

SEHENSWERTES IM NORDEND UND IN BORNHEIM

1 Bethmannpark	3 Hauptfriedhof
2 Günthersburgpark	4 Holzhausenpark

AUSSERDEM SEHENSWERT

INSIDER TIPP **BOTANISCHER GARTEN**

(119 E2) (*M L–M2*)

Mehr als 5000 Baum- und Pflanzenspezies aus aller Welt sind auf dem 8 ha großen Areal versammelt, dessen Ursprünge bis ins 18. Jh. zurückreichen. Lange diente die Anlage der Universität zu Lehr- und Forschungszwecken, inzwischen ist sie städtisch. Mehrmals im Monat Führungen. *März–Okt. Mo–Sa 9–18, So 9–13 Uhr | Siesmayerstr. 72 | Eintritt frei | www.botanischergarten-frankfurt.de | U 6/7 Westend | Bus 36 Grüneburgweg*

HÖCHST (122 A–B 5–6) *(🕮 B–C5)*
„Villa hostat" nannten die Römer den 1928 eingemeindeten westlichen Vorort, als sie im 1. Jh. n. Chr. hier ein kleines Kastell erbauten, in dem Ziegel gebrannt wurden für die Stadt *Nida* (die heutige Römerstadt). Ihr ältester, zum Fluss gelegener Teil weist noch eine geschlossene, behutsam restaurierte historische Bebauung auf mit verwinkelten Gassen und Fachwerkbauten. Besonders sehenswert ist das *Dalberger Haus*, in dem die 1786 gegründete Höchster Porzellanmanufaktur Verkaufsräume unterhält. Der Firmensitz und die *Erlebnismanufaktur (Führungen Di 15 Uhr | 10 Euro | Tel. 069 30090 20 | www.hoechster-porzellan.de)* sind inzwischen in der Palleskestr. 32 angesiedelt. Beachten sollten Sie außerdem das *Kronberger Haus* (Dependance des Historischen Museums Frankfurt), das *Alte Rathaus* und das *Greifenclausche Haus* (beides Renaissancesteinbauten mit Treppengiebeln) sowie die rekonstruierten Bauten *Zum Anker* und *Zum Karpfen* (ein ehemaliges Gasthaus, in dem schon Goethe speiste). Heute kehren Radfahrer, Rollerblader und Spaziergänger gerne bei den Wirten auf dem Höchster Schlossplatz ein. Das *Höchster Schloss* wurde im Mittelalter als Zollburg errichtet. Die Mainschiffer mussten hier Tribut entrichten – denn Höchst zählte nicht zu Frankfurt, sondern zum Kurfürstentum Mainz. Alljährlich von Mitte Juni bis Mitte Juli bilden Schloss und Schlossplatz das Zentrum des Höchster Schlossfestes. Der schönste Blick auf das 790 erstmals urkundlich erwähnte (Alt-) Höchst bietet sich vom *Fähranleger* auf der Frankfurter Mainseite. Fast intakt präsentiert sich die historische Uferfront: Vom Ochsenturm im Westen, dem Schlossturm über das Maintor mit dem hinter der kleinen Bastion sichtbaren Zollturm bis hin zur ehemaligen Mainmühle beherrscht die vollständig erhaltene Stadtmauer aus dem 14./15. Jh. mit der darüber aufragenden *Justinuskirche* das Bild. Das Gotteshaus ist das älteste auf Frankfurter Stadtgebiet; es wurde ab 825 gebaut und 850 durch Rabanus Maurus geweiht. Nach Osten hin beschließt der über der Niddamündung gelegene Barockbau des *Bolongaropalasts (Mo–Fr 9–16 Uhr | Bolongarostr. 109 | Eintritt frei)* das malerische Ensemble. Der dreiflügelige barocke Bau wurde 1772–1775 für zwei Schnupftabakfabrikanten gebaut. Die historische Gartenanlage dient jeden Sommer als Kulisse für das INSIDER TIPP *Theaterfestival Barock am*

RICHTIG FIT!

Frankfurts schönste Joggingstrecke verläuft am Südufer des Mains zwischen Friedensbrücke und Gerbermühle (ca. 3 km). Der Untergrund ist zwar weitgehend asphaltiert – dafür gibt's aber einen tollen Ausblick auf den Fluss und die Skyline der Stadt. Alternative: die etwa gleich lange Runde (mit leichter Steigung) im Günthersburgpark auf feinem Kies. Wer statt zu laufen lieber schwimmt, ist im *Brentanobad* **(117 B2)** *(🕮 **H2**) (Rödelheimer Parkweg | ab 3 Euro | Tel. 069 27108922 00 | www.bbf-frankfurt.de | U 6 Fischstein)* richtig. Die grüne Oase mit weiten Wiesen und altem Baumbestand im Stadtteil Rödelheim ist Europas größtes Freibad: Allein das Schwimmerbecken ist 100 m lang.

Main *(www.barock-am-main.com)* mit Mundartumdichtungen berühmter Bühnenklassiker und mitunter auch Opernaufführungen.

Westlich der Altstadt und des Bolongaropalasts entstand 1920–1924 nach Plänen von Peter Behrens die *Hauptverwaltung der Farbwerke Höchst (Besichtigung nur mit Personalausweis an Besuchstagen | Brüningstr. 50 | Eintritt frei | Termine und Anmeldung Tel. 069 3 05 54 13 | www.ihr-nachbar.de)*. Im zentralen Teil des Backsteinbaus schuf der auch in der Jugendstilsiedlung auf der Mathildenhöhe in Darmstadt wirkende Architekt mit dem Kuppelsaal eine Art Kathedrale der Arbeit. Auch ein Paternoster ist in dem Behrensbau noch in Betrieb. *S 1/2 Höchst | Straßenbahn 10/11 Zuckschwertstraße*

Der größte Privatbau des Barock ist der Bolangaropalast in Höchst

KLASSIKSTADT ● (0) *(▯ S2)*

Im Frankfurter Osten wurde eine historische Fabrik zum Dorado für Oldtimerfans: Wo ab 1910 der Landmaschinenhersteller Mayfarth sein Domizil hatte und später die Bundesdruckerei 50-DM-Scheine produzieren ließ, dreht sich seit 2011 alles um historische Fahrzeuge. Auf einem Areal von insgesamt 20 000 m² entstand u. a. ein lebendiger Werkstattbereich. Besucher haben die Möglichkeit, den Automobilspezialisten über die Schulter zu schauen. Selbst vom Restaurant gibt es spannende Aus- und Einblicke in die Oldtimerwelt. Das vom Krieg verschonte Backsteingebäude mit seinen schönen Bogenfenstern ist Bestandteil der Route der Industriekultur. *Mo–Sa 10–20, So 10–18 Uhr | Orber Str. 4a | www.klassikstadt.de | Straßenbahn 11 Cassellastraße*

MESSE ● (119 D–E 4–5) *(▯ K3–4)*

Handel trieben die Frankfurter schon lange, aber offiziell hob Kaiser Friedrich II. die Messe Frankfurt erst 1240 aus der Taufe. Anfang des 20. Jhs. wurde mit der Festhalle auf dem Messege-

Zu den hochsommerlichen Attraktionen im Plamengarten zählen die Blüten des Indischen Lotos

lände ein Ort für Ausstellungen und Kongresse geschaffen, der zudem eine gute Akustik hat. Bis heute dient der damals größte Kuppelbau Europas für Sportereignisse und Rockkonzerte. Inzwischen umgeben ihn zehn Ausstellungspavillons sowie mehrere architektonisch eindrucksvolle zeitgenössische Bauten: das Torhaus von Oswald Mathias Ungers, der 256 m hohe Messeturm nach Plänen von Helmut Jahn sowie die Hochhauszwillinge Castor und Pollux. Den Zugang zum Messegelände akzentuiert der „Hammering Man", eine 22 m hohe Skulptur von Jonathan Borofsky. *Ludwig-Erhard-Anlage 1 | www.messefrankfurt.com | U 4 Messe | S 3–5 Messe | Straßenbahn 16/17/19 Messe*

NATURMUSEUM SENCKENBERG ★ ●

(119 E3–4) *(🕮 L3)*

Dinosaurierskelette, Fossilien aus der Grube Messel, afrikanische Vormenschenschädel – in mehr als 190 Jahren Sammlungsgeschichte kam fast eine halbe Million Exponate aus allen Epochen der Erdgeschichte zusammen. Das größte, bedeutendste und wohl schönste Museum seiner Art in Deutschland. *Mo/Di, Do/Fr 9–17, Mi 9–20, Sa/So 9–18 Uhr | Senckenberganlage 25 | 8 Euro | www.senckenberg.de | U 4/6/7 Bockenheimer Warte | Bus 32/50 Senckenbergmuseum*

PALMENGARTEN ★ ●

(119 E2–3) *(🕮 L–M2)*

Eine der schönsten und größten botanischen Sammlungen Europas, 1868 von Frankfurter Bürgern begründet. Als Basis kauften sie die Kollektion tropischer Pflanzen des Herzogs von Nassau und ließen dafür das Palmenhaus errichten. In der Konstruktion aus Glas und Eisen kann man wie durch einen Dschungel streifen. Fast 30 ha Freilandanlagen und 10 000 m^2 Schauhausflächen gehören zum Palmengarten, außerdem Themengärten, Rosenschauen, das Tropicarium, ein Bootsweiher, eine Theaterbühne sowie eine Konzertmuschel. Im restaurierten historischen Gesellschaftshaus lockt das Sternelokal *Lafleur* (s. S. 60); am Parkeingang gibt es ein Café. *Nov.–Jan. tgl. 9–16, Feb.–Okt. 9–18 Uhr | Siesmayerstr. 61/Palmengartenstraße | 7 Euro, Zuschlag bei Sonderschauen u. -veranstaltungen | www.palmengarten-frankfurt.de | U 6/7 Westend | Bus 36 Grüneburgweg*

RÖMERSTADT (0) *(0)*

Eines der herausragenden bauhistorischen Beispiele der frühen Moderne in Deutschland. Frankfurts Stadtbaurat Ernst May konzipierte 1927/28 mit seinem Mitarbeiter Martin Elsässer die heute denkmalgeschützte Gartensiedlung am Niddaufer in Heddernheim im Rahmen des Projekts „Neues Frankfurt", bei dem zwischen 1925 und 1930 rund 15 000 neue Sozialwohnungen geschaffen wurden. Das Ensemble liegt auf dem Areal des römischen Orts Nida. Alle Häuser der Hadrianstraße sowie der Straßen Am Forum und An der Ringmauer, wo immer noch der Brunnen einer römischen Villa zu sehen ist, sind bis heute bewohnt. Eines davon, das INSIDER TIPP *Ernst-May-Haus (Di–Do 11–16, Sa/So 12–17 Uhr | Im Burgfeld 136 | 4 Euro | www.ernst-may-gesellschaft.de | U 1 Römerstadt)*, kann besichtigt werden.

ZOO (121 D4) *(P3)*

Der Zoologische Garten, ebenfalls eine bürgerliche Gründung (1858), gehört zu den ältesten Tierparks der Welt. Bereits um 1900 hatte er einen bemerkenswerten Bestand. Alles wurde 1944 in einer Nacht zerstört, nur 20 Tiere überlebten den Bombenhagel. Direktor Bernhard Grzimek machte durch seinen Einsatz für den Wiederaufbau den Frankfurter Zoo international bekannt und zum Synonym für moderne Tierhaltung. Heute beherbergt er rund 4500 Tiere aus 600 Arten. Besucher erleben sie fast wie in freier Wildbahn: Tiger und Löwen tummeln sich im Katzendschungel; in der Robbenanlage können Zwergseebären unter Wasser beobachtet werden. Einzigartig in Europa ist die Freiflughalle, in der Vögel und Menschen sich ungehindert bewegen können. Das Nachttierhaus gewährt ebenso spannende Einblicke wie das Exotarium. Für die Menschenaffen entstand eine neue großzügige Anlage mit dschungelähnlichen Lebensbedingungen. *Im Sommer tgl. 9–19, im Winter tgl. 9–17, Nachttierhaus ab 9.30, Exotarium ab 10 Uhr | Alfred-Brehm-Platz 16 | 10 Euro, Abendkarte (2 Std. vor Schließung) 8 Euro | www.zoo-frankfurt.de | U 6/7 Zoo*

U-BAHN-STATIONEN

Künstler gestalteten einige ● U-Bahn-Stationen, hauptsächlich auf den Linien U 6 und U 7. An der Bockenheimer Warte signalisiert ein schräg in das Straßenpflaster gerammter historischer Trambahnwagen den Eingang zur Station; ihre Wände sind mit riesigen Schwarz-Weiß-Fotos aus dem Studentenalltag dekoriert. Am Zoo grüßen Krokodile, Elefanten und anderes Getier aus Beton bzw. auf Kacheln den Fahrgast, die Tunnelröhre schmücken fröhlich-bunte Arche-Noah-Motive. An der Habsburger Allee bilden Esel in Computerbildmanier ein gut 100 m langes Mosaik, während am Parlamentsplatz Scherenschnitte unsere Konsum- und Warenwelt illustrieren und karikieren.

ESSEN & TRINKEN

Genuss wird in Frankfurt großgeschrieben. Bereits im Mittelalter verwandelte sich Frankfurts Samstagsberg, der heutige Römerberg, regelmäßig in einen Markt. Für die Metzger gab es feste Stände, „Schirn" genannt. Daher trägt die inzwischen auf ihrem Areal stehende Kunsthalle ebendiesen Namen.

Auch die *Freßgass'* (offiziell: Kalbächer Gasse/Große Bockenheimer Straße) verweist auf die historische Gaumenlust in der Stadt. Schon früh siedelten an ihrem Saum Fleischhauer und Feinkosthändler. Inzwischen nähren sich Shopper und Banker hier auch an feinen Imbissständen, Gleiches gilt für die benachbarte Schillerstraße. Samstags treffen Edel und Bodenständig aufeinander beim Erzeugermarkt auf der Konstabler und in der Kleinmarkthalle. Wie in einem Brennglas bündelt sie den internationalen Charakter der Stadt. Hier gibt es Salate aus den Oberräder Gärten, türkisches Fladenbrot, spanische Oliven, arabische Mezze und Austern von der Atlantikküste. Wem der Magen knurrt, der beruhigt ihn gleich an Ort und Stelle mit einer heißen Gref-Völsings, der berühmten Frankfurter Rindswurst, oder schaut beim Wildhändler im Pagodenzelt nach dem Tagesangebot.

Dem Charakter der Kleinmarkthalle entspricht jener der Frankfurter Gastronomielandschaft: Nahezu alle Aromen der Welt sind hier vertreten. Kreative Exotik, französische Raffinesse, italienische Schlichtheit (oft auf höchstem Niveau) und natürlich die deftige Frankfurter Apfelweinküche bieten Genuss in vie-

Bild: Zutaten für Kartoffeln mit Eiern und grüner Soße

Kulinarisches Abbild der Vielvölkerstadt: Die halbe Welt ist auf den Tellern der Mainmetropole anzutreffen

lerlei Variationen. Junge Herdkünstler und renommierte Sterneköche kitzeln den Gaumen mit ihren Kreationen, urige Wirtshäuser, Designerrestaurants und klassische Weinstuben existieren friedlich nebeneinander.

APFELWEIN-WIRTSCHAFTEN

ZUM EICHKATZERL (125 D2) *(🕮 O4)*
Die Nussbäume, in denen die namensgebenden Eichhörnchen lebten, sind gefallen, aber die mehr als 150 Jahre alte Apfelweintradition ist geblieben. In großen Portionen kommt Frankfurter Küche wie Saisonales auf den Teller. *Mittags geschl. | Dreieichstr. 29 | Tel. 069 617480 | www.eichkatzerl.de | S 3–6 Lokalbahnhof | Straßenbahn 14 Frankensteiner Platz*

FICHTEKRÄNZI (120 C5) *(🕮 O4)*
Apfelwein für Einsteiger: In der urigen, 1849 gegründeten Wirtschaft gibt's auch Wein und kulinarisch etwas feinere Kost als Ergänzung zu Haspel (Eisbein) und Handkäs. *Tgl. ab 17 Uhr | Wallstr. 5 | Tel.*

Zur Sonne: Im Sommer wird das Stöffche im Garten ausgeschenkt

069 61 27 78 | www.fichtekraenzi.de | Bus 30/36 Affentorplatz

KANONESTEPPEL (125 D2) *(◫ O5)*
Hausmannskost mit regionalem Bezug serviert man in der gut hundert Jahre alten Gaststätte mit Platanenhof. Sülze und Wurst werden selbst hergestellt. *So geschl. | Textorstr. 20 | Tel. 069 66 56 64 66 | www.kanonesteppel.de | U 1–3 Südbahnhof | S 3–6 Lokalbahnhof*

LORSBACHER THAL (117 F5) *(◫ O4)*
Traditionshaus aus dem Jahr 1805 – mitten in Alt-Sachsenhausen. Der Schobbe wird hier noch in 0,3-Liter-Gläsern serviert, und auch bei den Speisen stimmen die Standards. *Tgl. ab 16 Uhr | Große Rittergasse 49–51 | Tel. 069 61 64 59 | www.lorsbacher-thal.de | Straßenbahn 14 Frankensteiner Platz*

ZUR SONNE ★ (121 E2) *(◫ Q1)*
Zeitgenössisches und Traditionelles, das zum Teil auch aus Bioprodukten zubereitet wird. Zwei urige Stuben, großer Garten – seit 1768 wird hier Apfelwein ausgeschenkt! *Tgl. | Berger Str. 312 | Tel. 069 45 93 96 | www.zursonne-frankfurt.de | U 4 Bornheim Mitte*

WAGNER (124 C3) *(◫ N5)*
Frankfurter Institution und fast immer voll, sodass die Tuchfühlung mit dem Tischnachbarn garantiert ist. Ausschließlich Apfelweinkost. *Tgl. | Schweizer Str. 71 | Tel. 069 61 25 65 | www.apfelwein-wagner.com | U 1–3/8 Schweizer Platz*

CAFÉS & CO.

INSIDER TIPP BRÜHMARKT
(119 E3) *(◫ L3)*
Zwischen acht verschiedenen Zubereitungsmethoden können Filterkaffeefans seit Ende 2015 in Esther Goßmanns kleinem Café wählen. Die Bohnen dafür kommen aus Röstereien in ganz Europa. *Tgl. bis 18 Uhr | Leipziger Str. 1 | Tel. 069 71 91 81 22 | www.bruehmarkt.de | U 4/6/7 Bockenheimer Warte*

DAS EIS (117 E3) *(◫ O4)*
Alles bio und ohne Konservierungsstoffe – von der Milch bis zur Waffeltüte. Saisonale Zutaten stecken in Sorten wie Mango-Ingwer, Dattel-Chili, Kürbis-Honig. *Tgl. | Hasengasse 1–3 | Tel. 069 74 73 14 09 | www.daseis.eu | U-/S-Bahnen Konstablerwache*

INSIDERTIPP **FEIN** (117 E1) *(🗺 O3)*
Eine ehemalige Trinkhalle mutierte zum Sommercafé mit Vintage-Mobiliar im Grün der Wallanlagen. Das Angebot des fein restaurierten Holzhäuschens umfasst u. a. diverse Tees, frischen Cappuccino, Törtchen und Snacks. *Mo–Fr 10–19, Sa/So ab 12 Uhr | Petersstr. 4–6 | U-/S-Bahnen Konstabler Wache*

IIMORI ★ ● (117 E3) *(🗺 O4)*
Japan trifft Frankreich: Fast wie eine Puppenstube wirkt Azko Iimoris schmales Patisserie-Café mit Blumensofas und Minitischchen. An der Theke wird bestellt: Grüner-Tee-Kuchen, Milchbrötchen, Reistee. *Tgl. | Braubachstr. 24 | Tel. 069 97768247 | U 4/5 Dom/Römer*

MAINGOLD (121 D4) *(🗺 P3)*
Gemütliche Adresse für ein spätes Sonntagsfrühstück mit Rührei, Obstsalat und Kuchen – auf den Sofas und Sesseln oder auf der Gartenterrasse. *Tgl. ab 12, So ab 10 Uhr | Zeil 1 | Tel. 069 283327 | www.cafe-maingold.de | U 6/7 Zoo*

METROPOL – CAFÉ AM DOM
(117 E4) *(🗺 O4)*
Angesagte, daher – trotz beachtlicher Größe – meist knallvolle Location. Vom Süppchen bis zum leckeren Kuchen geht alles, aber hübsch langsam. Bei schönem Wetter speist man ganz wunderbar auf der großen Sonnenterrasse. *Mo geschl. | Am Weckmarkt 13–15 | Tel. 069 288287 | www.metropolcafe.de | U 4/5 Römer*

ZEIT FÜR BROT (117 D1) *(🗺 N3)*
Kaffee, Kuchen und natürlich Brot in Bioqualität – mit raffiniertem Belag, auch in Begleitung von Salat. Wer Lust auf Gesellschaft hat, setzt sich an den großen Gemeinschaftstisch. *Tgl. | Oeder Weg 15 | Tel. 069 56998150 | www.zeitfuerbrot.com | U 1–3 Eschenheimer Turm*

RESTAURANTS €€€

CARMELO GRECO (124 C4) *(🗺 N6)*
Klassische italienische Rezepte neu interpretiert: Der Sternekoch kreiert z. B. Carne su Carne, ein Mix aus Carpaccio und Carne cruda. *Sa mittags u. So geschl. | Ziegelhüttenweg 1–3 | Tel. 069 60608967 | www.carmelo-greco.de | Straßenbahn 14 Oppenheimer Landstraße*

GOLDMAN (121 E4) *(🗺 Q4)*
Zeitgemäße, gehobene Küche in lockerem Ambiente: Das junge Team um Thomas Haus bringt z. B. ein Brunnenkresseschaumsüppchen oder Damhirsch mit Molejus, Aprikosen und Steinpilzknöpfli auf den Teller. *Nur abends, So geschl. | Hanauer Landstr. 127 | Tel. 069 4058689806 | www.goldman-restaurant.com | S-Bahnen Ostendstraße | Straßenbahn 11 Ostendstraße*

GUSTAV (120 A3) *(🗺 N3)*
Moosbeere, Lehmkartoffel, Postelein, Ziegenquark – bei Jochim Busch geht

MARCO POLO HIGHLIGHTS

★ **Zur Sonne**
„Stöffche" im schönsten Apfelweingarten der Stadt
→ S. 58

★ **Iimori**
Gemütlichkeit trifft auf asiatische Präzision → S. 59

★ **Opera**
Gold und Stuck über den Köpfen, Edelkost auf dem Teller
→ S. 60

★ **Seven Swans**
Genießen auf zwei puristisch designten Etagen → S. 60

es zugleich regional und experimentell zu. Sterneküche modern und entspannt, auch in Sachen Ambiente. Nur Menüs. *So/Mo und Sa mittags geschl. | Reuterweg 57 | Tel. 069 74 74 52 52 | www.restaurant-gustav.de | U 1–3/8 Grüneburgweg | Bus 64 Kronberger Straße*

LOHNINGER (117 D5) (*M N4*)
Mario Lohninger pflegt seine österreichischen Wurzeln, lässt aber auch seine Erfahrungen der Weltküche einfließen – möglichst mit Bioprodukten. *Tgl. | Schweizer Str. 1 | Tel. 069 24 75 57 860 | www.lohninger.de | U 4/5 Willy-Brandt-Platz | U 1–3/8 Schweizer Platz*

MAIN TOWER RESTAURANT
(116 C3) (*M N4*)
Spektakulärer Ausblick, begleitet von Klassikern wie Roastbeef, Flugente oder St. Pierre – und statt Dessert vielleicht eine norddeutsche Biokäsevariation. *So und Sa mittags geschl. | Neue Mainzer Str. 52–58 | Tel. 069 36 50 47 77 | www.maintower-restaurant.de | U 6/7 Alte Oper | S-Bahnen Taunusanlage*

OPERA ★ (116 C2) (*M N3*)
Einen prachtvolleren Rahmen für Lunch oder Dinner gibt es nicht: Das Foyer in der ersten Etage der Alten Oper besticht durch historischen Prunk und kulinarische Klassiker wie mariniertes Rinderfilet oder Meeresfrüchteplatte. *Tgl. | Opernplatz 1 | Tel. 069 1 34 02 15 | www.opera-restauration.de | U 6/7 Alte Oper*

SEVEN SWANS ★
(117 F4) (*M O4*)
Im schmalsten Haus Frankfurts setzt Jan Hoffmann auf Bioküche. Für das monat-

GOURMETTEMPEL

Ernos Bistro (116 B2) (*M M3*)
Seit Jahren kocht Valéry Mathis eine klassisch französische Küche mit leichten Zugeständnissen an die Moderne in dem fast wohnzimmerartigen, seit 1979 besternten kleinen Lokal. Herrliches Käsesortiment und einzigartiger Weinkeller. *Menü (3 Gänge) 95 Euro, Hauptgericht ab 42 Euro | Sa/So geschl. | Liebigstr. 15 | Tel. 069 72 19 97 | www.ernosbistro.de | U 6/7 Westend*

Lafleur (119 E3) (*M M2*)
Andreas Krolik wechselte vom Varietékeller in den Palmengarten: Der Sternekoch steht für eine zeitgenössisch-klassische, perfekt ausbalancierte Küche mit oft regionalen Produkten und einem asiatisch-mediterranen Touch – auch rein vegan. *Abendmenü ab 110 Euro, Businesslunch (3 Gänge) ab 42,50 Euro | Di/Sa mittags und So/Mo geschl. | Palmengartenstr. 11 | Tel. 069 90 02 91 00 | www.palmengarten-gastronomie.de | U 6/7 Westend*

Restaurant Français (116 C4) (*M N4*)
Der besternte, vorzugsweise Bioprodukte verwendende Küchenchef Patrick Bittner macht Essen zum Fest der Sinne mit Haxe vom jungen Kalb mit Zitronencremolata und Artischocken oder Wolfsbarsch mit Aprikosen und Tahitivanille. *Menü ab 129 Euro, Businesslunch (2 Gänge) 49 Euro | Sa/So geschl., außer zu Messezeiten | Am Kaiserplatz 1 | im Hotel Steigenberger Frankfurter Hof | Tel. 069 21 51 18 | U 4/5 Willy-Brandt-Platz*

Seven Swans: kleine Location, großartiger Ausblick und experimentierfreudige Bioküche

lich wechselnde Fünf-Gänge-Menü verarbeitet er häufig Blüten, Kräuter und andere aromenstarke Gewächse, vorwiegend aus eigenem Anbau, und kombiniert z. B. Karotte mit Ölweide, Kumatos mit Vogelbeeren oder Enteneier mit Heu. *Nur abends, So/Mo geschl. | Mainkai 4 | Tel. 069 21 99 62 26 | www.sevenswans.de | U 4/5 Dom/Römer*

WEINSINN (120 B2) *(🗺 N2)*
Frankfurts jüngste Sterneadresse mit Menü aus tagesfrischen Zutaten, inspiriert von der jungen Bistronomics-Kultur. *So/Mo geschl. | Fürstenbergerstr. 179 | Tel. 069 56 99 80 80 | www.weinsinn.de | U 1–3 Holzhausenstr. | Bus 36 Bremer Platz*

RESTAURANTS €€

ALLGAIERS (120 A3) *(🗺 M2)*
Unprätentiöses Ambiente und frische, herzhafte Speisen, mal mit französischem Touch, mal asiatisch oder arabisch inspiriert. Beispiel: gebackene Kräuterseitlinge auf Pak-Choi, Gemüse-Couscous mit Oliven-Koriander-Salsa oder Himmel und Erde mit gebratener Gänsestopfleber, Blutwurst und Trüffeljus. *Sa mittags und So geschl. | Liebigstr. 4 | Tel. 069 98 95 66 11 | www.allgaiers.eu | U 6/7 Westend*

HEIMAT (117 D4) *(🗺 N4)*
Junge, kreative Küche in einem Kiosk-Pavillon der 1950er-Jahre: gebeizter Seeteufel mit Curry-Blumenkohl-Carpaccio und Queller, Tranchen vom Duroc-Schwein mit Ratatouille – und dazu eine exquisite Auswahl europäischer Weine. *Tgl. | Berliner Str. 70 | Tel. 069 29 72 59 94 | www.heimat-restaurant.de | U 1–5/8 Willy-Brandt-Platz*

MAXIE EISEN (126 B5) *(🗺 M4)*
New Yorker Deli-Style mit Pastrami- oder Reuben-Sandwich und anderen jiddisch-

SPEZIALITÄTEN

Bethmännchen – Marzipankugeln mit drei Mandelblättchen. Letztere stehen der Legende nach für die verbliebenen drei Söhne der Bankiersfamilie Bethmann, aus der das Rezept stammt. Nach dem Tod des vierten Sohns wurde ein Mandelblättchen der ursprünglich vier von der Kugel entfernt.
Frankfurter Kranz – lockerer Rührteigkuchen in Ringform, gefüllt mit Johannisbeergelee und Buttercreme
Grie Sos (Grüne Soße) – kalte Soße aus sieben frischen, grob gehackten Kräutern, Joghurt, Mayonnaise, saurer Sahne oder Quark. Traditionell serviert mit Rindfleisch (Ochsenbrust) oder hart gekochten Eiern und Kartoffeln
Haddekuche – würzig wie ein Lebkuchen, aber härter und zum flachen Oval geformt. Gibt's nur beim „Brezelmann", der mit seinem Korb voll salzigem Gebäck und Süßem (neben den Harten Kuchen meist Kokosmakronen) durch die Apfelweinwirtschaften zieht.
Handkäs' – mit oder ohne Musik, d. h. Zwiebel-Essig-Tunke. Der Kümmelanteil auf dem handtellergroßen Laib variiert von null bis dick (Foto li.). Von Experimenten wie „flambiert" oder „mit Kürbiskernvinaigrette" sollte abgesehen werden.
Haspel – gekochte Schweinshaxe, meist serviert mit Sauerkraut, einer Scheibe Brot oder Kartoffeln
Rippchen – meist gekochte, mitunter auch gegrillte Rippenpartie vom Schwein. „Rippche mit Kraut" gehört zu den absoluten Klassikern der Ebbelweiküche (Foto re.).
Schäufelche – das Schulterstück vom Schwein, vorwiegend gekocht, manchmal auch gegrillt. Ebenfalls ein Aushängeschild traditioneller Apfelweingastronomie.
Schneegestöber – angemachter Camembert oder Gervais, üppig mit Butter vermischt oder nur leicht mit Paprikapulver bestäubt

amerikanischen Snacks sowie hausgemachter Limonade. *So geschl. | Münchener Str. 18 | Tel. 069 76 75 83 62 | www.maxieeisen.com | U-/S-Bahnen Hauptbahnhof*

MEDICI (117 D3) *(🕮 N4)*
Nehmen Sie Platz auf der großen Terrasse und freuen Sie sich auf frischen Fisch, meist zubereitet nach Art von Bella Italia oder à la française. Es gibt auch Fleisch –

und INSIDER TIPP günstige Mittagsmenüs. *So geschl. | Weißadlergasse 2 | Tel. 069 21 99 07 94 | www.restaurant-medici.de | U-/S-Bahnen Hauptwache*

OJO DE AGUA (116) *(N3)*
Ein etwas anderes Steakhaus: klein, stilvoll und ganz auf den namengebenden, biozertifizierten Klassiker aus Argentinien konzentriert. Gute Weine. *So geschl. | Hochstr. 27 | Tel. 069 92 02 05 10 | www.ojodeagua.de | U 6/7 Alte Oper*

PAPAENJ (116 C2) *(N3)*
Nur ein knappes Dutzend wöchentlich wechselnder, frischer Gerichte kommen auf die schlichten Holztische des ungezwungenen Lokals – die Palette reicht dabei von warmem Entencarpaccio über Grüne-Soße-Raviolo bis zum Cheesecake. *Tgl. | Opernplatz 12 | Tel. 069 26 01 02 35 | www.papaenj.de | U 6/7 Alte Oper*

INSIDER TIPP **STANLEY DIAMOND**
(119 F5) *(M4)*
La Buvette nennt sich das mit grünem Marmor und Kupferdecke klar und edel gestaltete Lokal in Bahnhofsnähe. Geboten wird gehobene Küche auf moderne Art, z. B. lauwarmer Pulposalat, Coq au Vin vom Maishähnchen oder gratinierter Polentariegel mit Artischocken-Kirsch-Sugo. *So/Mo und Sa mittags geschl. | Ottostr. 16 | Tel. 069 26 94 28 92 | www.stanleydiamond.com | U-/S-Bahnen Hauptbahnhof*

RESTAURANTS €

BALTIQUE (117 F2) *(O3)*
Pfannkuchen lettischer Art sind die Spezialität des kleinen Lokals. Die dünnen baltischen Weizencrêpes werden u. a. von Eismeerkrabben, Sauerkraut, Ziegenkäse, Beerenmousse oder Schokolade plus Salzkaramell begleitet. *Tgl. | Heiligkreuzgasse 31 | Tel. 069 27 24 31 01 | baltique.de | U-/S-Bahnen Konstabler Wache*

BESTE FREUNDE (119 D5) *(K4)*
Lucias Küche basiert auf Zutaten aus der Region und der Inspiration ihrer Reisen. Brot und Gebäck werden selbst produziert; der kleine Gastraum ist schlicht,

Modern European Cuisine in elegant-schlichtem Ambiente bietet das Medici

aber liebevoll gestaltet. *Di 11–18, Mi–Fr 11–22.30 Uhr | Kriegkstr. 50 | Tel. 069 37 40 81 63 | www.bestefreunde-ffm.de | S 3–6 Galluswarte*

CAFÉBAR IM KUNSTVEREIN
(117 E4) *(🗺 O4)*
Marktfrische Speisen auf der Basis ausgewählter Produkte aus der Region bzw. aus verantwortungsvoller Haltung. Gute hausgemachte Kuchen; an der Kaffeemaschine ein zertifizierter Barista. *Tgl. | Markt 44 | Tel. 069 84 77 08 63 | cafe.fkv.de | U 4/5 Römer*

LOW BUDG€T

Kochen lernen in der Mittagspause? In 30 Min. sind die Gerichte bei *Cook, Lunch & Run* zubereitet, dann wird gemeinsam geschmaust, das Ganze zum Festpreis von 17 Euro. Anmeldung erforderlich. *Genuss-Akademie* **(116 C2)** ***(🗺 N3)*** *(Große Bockenheimer Str. 24 | Tel. 069 9 74 60-666 | www.genussakademie.com | U-/S-Bahnen Hauptwache)*

Landbrot satt – mit leckeren Aufstrichen wie Möhren-Curry-Creme oder Aubergine mit Minze offeriert die *Kleine Anna* **(119 E5)** ***(🗺 M4)*** *(Mo–Fr 9–16 Uhr | Mainzer Landstr. 111 | www.kleineanna.de | U-/S-Bahnen Hauptbahnhof)*. Dazu Salat, Tagessuppe und Dessert.

Auf dem Campus der Johann-Wolfgang-Goethe-Universität werden nicht nur Studenten günstig satt. In der Cafeteria *Sturm & Drang* **(119 F2)** ***(🗺 M2)*** *(Mo–Fr 7.30–19, Sa 8–17, So 11–17 Uhr | Theodor-W.-Adorno-Platz 5 | www.cafe-sturm-und-drang.de | U 1–3 Holzhausenstraße)* in einem edel designten Neubau mit großer Terrasse kostet ein üppiger Nudelteller für jedermann rund 5 Euro.

INSIDER TIPP **ÉMILE** (119 F6) *(🗺 M5)*
Mittagspause auf dem Wasser: Das Bootsteam im Westhafen serviert wechselnde Mittagsgerichte von gratiniertem Chicorée bis Forelle Müllerin – und am frühen Abend mitunter Steak frites oder einen gegrillten Zander. *Di 11.30–14, Mi–Fr auch 17–21, Sa 18–21, So 12–17 Uhr, im Sommer abends länger | Bachforellenweg 51 | Tel. 069 24 24 88 40 | www.emile-th.de | Straßenbahn 12, 14–17, 19–21 Baseler Platz*

INSIDER TIPP **LAUBE LIEBE HOFFNUNG**
(118 C5) *(🗺 J/K4)*
Moderne Garten-(Hütten)-Idylle mitten im neuen Europaviertel: mit Feldküchen-Biobratwurst im Sommer und Bauernente oder Taunusrind an kühleren Tagen. *Mo geschl. | Pariser Str. 11 | Tel. 069 75 84 77 22 | www.laubeliebehoffnung.de | Bus 46 Römischer Ring*

LEIB & SEELE (117 D3) *(🗺 N4)*
Modern-gemütliches Gasthaus mit Fleischvorliebe: Schnitzel in vielen Varianten, als deftig-günstiges Stammessen zur Mittagszeit oder in Schwarzbiersauce, aber auch Ofenkartoffeln, Pasta und Fischgerichte, z. B. gebratener Lachs oder Zander. *Tgl. | Am Kornmarkt 11 | Tel. 069 28 15 29 | leibundseele-frankfurt.de | U-/S-Bahnen Hauptwache*

MUTTER ERNST (126 C3) *(🗺 N3)*
Seit den Fünfzigern unverändert. Vor allem (Business-)Männer lieben die Hausmannskost wie Kotelett mit Bratkartoffeln oder Fleischwurst mit Kartoffelsalat, und das Bier fließt bei Mutter Ernst reich-

Ein Besuch des Westhafens lohnt sich auch wegen der Gastronomie, z. B. des Émile

lich. Samstags kehren Einkaufsbummler und Familien ein. *Sa abends und So geschl. | Alte Rothofstr. 12a | Tel. 069 28 38 22 | www.mutter-ernst-ffm.de | U-/S-Bahnen Hauptwache*

NAIV (116 F4) (*◫ O4*)
Location mit einer Schwäche für Bier (rund 90 Sorten, zwei eigene Marken), Möbel, die auf Anfrage gefertigt werden, und Design. Wandelt sich wochenends vom Café fürs späte Frühstück übers Bistrorestaurant zur Bar. *Tgl. | Fahrgasse 4 | www.naiv-frankfurt.de | Straßenbahn 11/12 Börneplatz | Bus 36 Schöne Aussicht*

WALHOFS (120 C6) (*◫ O5*)
Wein und Essen lautet hier die Devise und zu den 150 Positionen aus Deutschland, Italien, Frankreich und Österreich gibt es Kalbsfrikadellchen, Rotweingulasch oder geräucherte Taunusforelle, begleitet z. B. von glacierten Bohnen oder hausgemachten Butterspätzle. *So geschl. | Textorstr. 56 | Tel. 069 96 23 34 38 | www.walhofs.de | U-/S-Bahnen Südbahnhof*

WALON & ROSETTI (116 B5) (*◫ M4*)
European Fusion Food in oft extravaganter Kombination schafft die Basis für beste Cocktails, die Sie in gemütlich-coolem Ambiente (grüne Wände, Holzinventar) genießen. Hirschbulette oder Pulpo mit Wildkräutersalat würzt die Crew gern auch mit Livemusik. *Mo–Sa ab 17 Uhr | Moselstr. 15 | Tel. 069 25 75 59 73 | www.walon.rosetti.com | U-/S-Bahnen Hauptbahnhof*

WONDERGOOD (121 E1) (*◫ Q1*)
Veganes der Saison – von Ofenpaprika mit Perlgraupen-Sojahack-Füllung bis Süßkartoffel-Rosenkohl-Curry. Auch die Weine sind vegan und stammen von einem Biowinzer aus Rheinhessen. *So geschl., Mo nur abends | Preungesheimer Str. 1 | Tel. 069 20 16 27 62 | www.wondergood.de | U 4 Seckbacher Landstraße*

EINKAUFEN

WOHIN ZUERST?
Frankfurts geballtes Shoppingangebot in den allgemein bekannten Stores und Kaufhäusern finden Sie auf der Einkaufsmeile **Zeil (117 D–E4)** ***(🕮 N–O3)*** *(U-/S-Bahnen Haupt- oder Konstablerwache)*. Exklusives von renommierten Designern und hochwertig Schmückendes gibt es dicht an dicht auf der **Goethestraße (118 C3)** ***(🕮 N3)*** *(U 6/7 Alte Oper | U-/S-Bahnen Hauptwache)*. Für junge Kreativität in Sachen Mode stehen **Brücken-, Schul-** und **Wallstraße (117 F5–6)** ***(🕮 O4)*** *(Bus 30/36 Elisabethenstraße)* in Sachsenhausen.

Frankfurts zentrale Shoppingmeile ist die Zeil. Vor allem am Wochenende drängen sich Einheimische und Fremde in der modernen Fußgängerzone.
Ruhiger geht es in den Boutiquenstraßen jenseits der Hauptwache zu, zwischen Roßmarkt und Alter Oper – hier bummelt die Businesswelt. Die edelsten Namen internationaler Labels finden sich in der Goethestraße, im Steinweg und in der gleichnamigen Passage, in der Schillerstraße und in der Freßgass'. Ebenfalls Markennamen der besseren Klasse versammeln die untere Kaiserstraße sowie die Neue Mainzer Straße.
Ergänzend zu diesen vorwiegend noblen Shoppingmeilen in der City gibt es in den Stadtteilen Einkaufsstraßen mit eigenem Charakter. Zu ihnen zählt u. a. die Schwei-

Bild: MyZeil

Von edel bis trendy: Fashion, Schnäppchen, Design, Kulinaria, Bembel und Riffelgläser – in der Mainmetropole findet sich alles

zer Straße in Sachsenhausen. Boutiquenchic und Bodenständiges leben hier Tür an Tür; es überwiegt jedoch das Trendig-Teure. Der Oeder Weg im Nordend versucht sich ebenfalls mit einer Mischung aus Öko und Design. Die Berger Straße, auch im Nordend, bietet ein ausgewogenes Szenario von kleinen Shops und Läden jeglicher Couleur, durchmischt mit Cafés und Kneipen. Auf der Leipziger Straße im aufgrund des neuen Campus im Westend nicht mehr ganz so frequentierten Studentenviertel Bockenheim sorgen Geschäfte aller Art für eine lebendige Atmosphäre, zunehmend allerdings auch Billigläden. Die Hanauer Landstraße ist *die* Adresse für Outletstores. Und eine ganz besondere Szene hat sich in der Brückenstraße in Sachsenhausen entwickelt: Schräge Jungdesigneradressen finden sich hier Tür an Tür mit alteingesessenen Versorgern wie Bäcker und Gemüsehändler. Auch im Nordend entwickelt sich an der Kosel-, Vogelsberger und Eckenheimer Landstraße eine kreative Modeszene.

EINKAUFSPASSAGEN

MYZEIL ★ (117 D3) (*N3*)
Das eindrucksvoll mit Glastrichtern gestaltete Shopping-Center lockt mit mehr als 50 Läden und kulinarischen Anbietern. *Zeil 106 | U-/S-Bahnen Hauptwache*

KIOSK (121 D3) (*P3*)
Unikate und Dekor – vom Kissen über Schlüsselbänder bis hin zu witzigen Buttons und bestickten Textilkarten gibt's in diesem winzigen Eckraum, der tatsächlich mal ein Kiosk war. *Musikantenweg 32 | U 4 Merianplatz*

Für ein Flohmarktschnäppchen gibt es in Frankfurt viele Gelegenheiten

SCHILLERPASSAGE (117 D2) (*N3*)
Die kleinen, exklusiven Läden in der Schillerpassage bieten ein breites Spektrum: Mode und Kunst, Schuhe, Taschen und Leuchten. *Rahmhofstr. 2 | U 1–3 Eschenheimer Tor*

GESCHENKE

HAIZMANN (117 D2) (*N3*)
Füllhalter für all jene, die Tradition lieben – und vielleicht auch Ersatzteile oder Tinte bzw. Tintenpatronen oder andere edle Schreibtischaccessoires brauchen. Kompetente Beratung durch die Chefin persönlich – seit einem halben Jahrhundert. *Schillerstr. 30 | U-/S-Bahnen Hauptwache*

INSIDER TIPP **LADEN 100**
(120 C3) (*O2*)
Fundstücke, die andere schon längst entsorgt hätten, erweckt Katrin Feller zu neuem Leben. Außerdem im gleichen Laden: *Memphis Records* für Fans von Musik auf Vinyl. *Mo geschl. | Friedberger Landstr. 100 | laden100.chayns.net | Straßenbahn 12, 18 Friedberger Platz*

LAST CENTURY MODERN
(117 F4) (*O4*)
Retroobjekte von der Reuge-Spieluhr über Blechspielzeug bis zu Scherzartikeln und Comics vergangener Tage. *Domstr. 6 | www.last-century-modern.com | U 4/5 Dom, Römer*

MANUFACTUM (116 C2) *(🕮 N3)*
Edles und Nachhaltiges für den Alltag – vom Kochtopf über Kleidung bis zum Tintenfass. Auch Kulinaria finden sich hier; wahlweise frisch an der Theke oder eingedost bzw. eingetütet im Regal. *Bockenheimer Anlage 49–50 | www.manufactum.de | U 6/7 Alte Oper*

KULINARISCHES

INSIDER TIPP **APFELWEINKONTOR**
(117 F5) *(🕮 O4)*
Konstantin Kalveram und Michael Rühl verkaufen u. a. eigene Weine aus regionalen Äpfeln und Jahrgangsapfelschaumwein. *Fr 13–19, Sa 10–19 Uhr | Wallstr. 13 | www.apfelweinkontor.com | Bus 30 Elisabethenstraße*

BITTER & ZART (117 E3) *(🕮 O4)*
Pralinen, Bonbons, Schokoladencremes, Milch- und Bitterschokoladen. Im Sommer gibt es zartschmelzende „Frankfurter Pflastersteine". *Braubachstr. 14 | www.bitterundzart.de | U 4/5 Dom/Römer*

NAIV STORE & TASTING ROOM
(117 F4) *(🕮 O4)*
Ein cooler Shop für Craft-Biere, Gin – auch aus Deutschland – sowie ausgefallene Gläser, Frankfurt-Shirts u. v. m. *Mi–Fr 15–19, Sa 13.30–19 Uhr | Fahrgasse 4 | www.naiv-frankfurt.de | Straßenbahn 11/12 Börneplatz | Bus 36 Schöne Aussicht*

MÄRKTE

FLOHMÄRKTE
Trödeltreiben an zwei regelmäßig wechselnden Orten: Mal bauen die Händler entlang des Mainufers am *Schaumainkai* (116–109 C–E 6–5) *(🕮 N–O4)* *(U-Bahnen Römer, Willy-Brandt-Platz, Schweizer Platz)* ihre Stände auf, mal stehen sie im *Osthafen* (125 F1) *(🕮 Q4)* *(Lyndleystraße | U 6 Ostbahnhof | Straßenbahn 11 Schwedlerstraße). Sa 8–14 Uhr*

KLEINMARKTHALLE ★ ●
(117 E3) *(🕮 O4)*
Ob Handkäs' oder Halwa, persische Pistazien oder Oberräder Kartoffeln – hier sind alle Kulinaria versammelt, die Köche und Genießer schätzen. Im ersten Stock gibt's Edles vom Italiener und Franzosen, auf dem großen Balkon trifft man sich auf ein Glas und einen Happen. Im Erdgeschoss werden neben Worscht, Weck und anderen Viktualien auch Blumen verkauft, während der Keller das Reich der lebenden Fische ist. *Mo–Fr 8–18, Sa 8–16 Uhr | Hasengasse 5–7 | www.kleinmarkthalle.de | U-/S-Bahnen Hauptwache*

MARCO POLO HIGHLIGHTS

★ **MyZeil**
Shoppen im spektakulären Glastrichterhaus → S. 68

★ **Kleinmarkthalle**
Deftiges und Exotisches zum Kochen → S. 69

★ **Affentor**
Arbeitslose Frauen und Jungdesigner produzieren coole Taschen → S. 70

★ **Susanne Bänfer Hutcouture**
Hüte, gefertigt mit einer Menge Phantasie → S. 71

★ **Töpferei Maurer**
Maßgefertigte Bembel – jeder Krug ein Unikat → S. 73

★ **Weingut der Stadt Frankfurt**
Riesling trocken und Spätlese aus Trauben von Frankfurts Stadtweinberg → S. 73

WOCHENMÄRKTE

Fast jeder Stadtteil hat seinen Markt. Zu den schönsten zählt der von *Bornheim* (121 E2) (*Q2*) (*Mi 8–18.30, Sa 8–16 Uhr | U 4 Bornheim Mitte*) rund um das Uhrtürmchen. Der *Schillerstraßenmarkt* (117 D2) (*O3*) (*Fr 9–18.30 Uhr | U-/S-Bahnen Hauptwache*) zieht sich von der Zeil bis zum Eschenheimer Turm. Auf der Freifläche der Konstablerwache breitet sich der *Erzeugermarkt* (117 F3) (*O3*) (*Do 10–20, Sa 8–17 Uhr | U-/S-Bahnen Konstablerwache*) mit Produkten aus Hessen und Bayern aus. Die jüngste Adresse ist der INSIDER TIPP *Markt im Hof* (117 F5) (*O4*) (*Sa 10–17 Uhr | marktimhof.de | U 1–3/8 Schweizer Platz*) in Sachsenhausen mit regionalem Angebot, Snacks und Events oft auch schon am Vorabend.

MODE

AFFENTOR ★ (117 F4) (*O4*)

Bunte, handgemachte Umhänge-, Abend- und Laptop-Designertaschen aus Stoff, genäht von arbeitslosen Frauen, denen der Wiedereinstieg in den Joballtag erleichtert werden soll. *Mo geschl. | Fahrgasse 23 | www.affentor.de | U 4/5 Dom/Römer*

COCO LORES (120 C3) (*O2*)

Neckholder-Tops, geschneidert aus Herren-T-Shirts, Tops von Kamilla, Feminines von Frank Harling, Gürtel und Taschen von Bea Condé: Die Coco-Lores-Gründerinnen Claudia Frick, Olivia Dahlem und Iris Becker stellen neben der eigenen Kollektion auch andere Designer vor. *Mo/Di geschl. | Koselstr. 7 | www.coco-lores.com | Straßenbahn 12 Friedberger Platz*

DESIGNE, KLEINE! (117 F5) (*F4–5*)

Galerieladen, in dem Designer wie bbags-Macherin Birgit Simons ihre Entwürfe in Ausstellungsboxen zeigen. Nachtschwärmer können Klein-Design am Automaten ziehen. *Mo geschl. | Wallstr. 26 | Eingang Kleine Brückenstr. 19 | www.designe-kleine.de | Bus 30/36 Elisabethenstraße*

DIEHL & DIEHL (116 C2) (*N3*)

Klassisch-elegante Damen- und Herrenmode von ausgesuchter Qualität, meist aus Italien. Zudem Schuhe und Accessoires. *Hochstr. 45–47 | www.diehlunddiehl.de | U 6/7 Alte Oper*

LARS EISINGER (120 C5) (*O4*)

Vor allem Fred Perry, Nudie Jeans und die Made-&-Crafted-Serie von Levi's. Doch nicht nur Männer kommen in dem kleinen Laden ausstattungsmäßig auf ihre Kosten. Guter Service! *Mo–Sa 11–21 Uhr | Wallstr. 7 | www.lars-eisinger.de | Bus 30/36 Elisabethenstraße*

INSIDER TIPP ORGANICC (121 D3) (*O3*)

Fair-Trade-Fashion vieler Kultlabels wie Kuyihi, Edun, Stewart+Brown, auch

LOW BUDG€T

Gelesene Bücher (ab 1 Euro) für einen guten Zweck: die private Hilfsorganisation *Oxfam* **(117 E3)** ***(O3)*** *(Töngesgasse 35 | U-/S-Bahnen Hauptwache)* fördert Hilfsprojekte in mehr als hundert Ländern.

Von Jazz bis Hip-Hop: Musikträger zum Schnäppchenpreis gibt's bei *No. 2 Records* **(117 F6)** ***(O4)*** *(Mo geschl. | Wallstr. 15 | www.no2-records.de | Straßenbahn 14/16 Textorstraße | Bus 30/36 Affentorplatz).*

Designe, Kleine! Wer diesem Aufruf nachgekommen ist, kann das Ergebnis hier verkaufen

Schuhe und Accessoires aus Natur- bzw. recycelten Materialien sowie Biofaser-Kleidung für Kleinkinder. *Berger Str. 19 | www.organicc.de | U 4 Merianplatz*

PEGGY SUE (120 C5) *(🗺 O4)*
Mode und Accessoires im Stil der Fifties – vom Strickjäckchen bis zur Haarspange. Sogar die Süßigkeiten entsprechen der Rockabilly-Ära. *Mo geschl. | Wallstr. 20 | www.peggysuefrankfurt.de | Bus 30/36 Elisabethenstraße*

INSIDER TIPP **SECOND LOVE**
(120 C3) *(🗺 O2)*
Melanie Hahn präsentiert in ihrem stilvollen Nordendladen aktuelle Designermode aus zweiter (und erster) Hand. *Mo geschl. | Friedberger Landstr. 86 | Straßenbahn 12/18 Friedberger Platz*

SÜNDIGE MODE (117 E3) *(🗺 O3)*
Schnürkorsetts sowie andere verführerische Teile aus Lack und Leder bis Größe 54. Dazu passende Highheels und Accessoires. *Mo–Mi 12–19, Do/Fr 12–20, Sa 11–18 Uhr | Töngesgasse 7 | www.suendige-mode.de | U-/S-Bahnen Konstablerwache*

SUSANNE BÄNFER HUTCOUTURE ★
(120 B3) *(🗺 N3)*
Phantasievolle Kreationen für das weibliche Haupt – zu jedem Anlass und für jede Jahreszeit. Der Blick ins Atelier ist inklusive. *Oeder Weg 25 | www.susanne-baenfer.de | U 1–3 Eschenheimer Tor*

UEBERVAERT (117 D3) *(🗺 N4)*
Modisches nur für Männer: Internationale Marken wie Marc Jacobs von Kopf bis Fuß inklusive Accessoires. Weitere Filiale: *Kaiserstraße 20* (108 C4) *(🗺 M4)*. *Kleiner Hirschgraben 14 | www.uebervart.de | U-/S-Bahnen Hauptwache*

ZWEI (117 D2) *(🗺 N3)*
Schlichte einfarbige Taschen mit nützlichem Innenleben wie Schlüsselband und Kosmetikbeutel, entworfen in Südhessen. Auch Portemonnaies und Rucksäcke für Erwachsene und Kinder. *Rahmhofstr. 2–4 | U-/S-Bahnen Hauptwache*

SCHMUCK

HILGENFELD (120 C3) *(🕮 O2)*
Individuelle Gold- und Silberarbeiten vom Ring über kleine Behältnisse bis zum Kerzenleuchter. *Eckenheimer Landstr. 42 | www.hilgenfeld.biz | U 5 Musterschule*

KLAR (117 E3) *(🕮 O3)*
Nomen est omen: Bei Irene Klar herrscht optische Klarheit, auch wenn die Goldschmiedin gern und gekonnt Gegensätze zusammenbringt. *Mo geschl. | Töngesgasse 9 | www.schmuckproduction.de | U-/S-Bahnen Konstabler Wache*

SCHUHE

AUFTRITT (124 C2) *(🕮 O5)*
Schönes und gleichzeitig Bequemes für weibliche wie männliche Füße – vom Camper bis zum Think!-Slipper. *Diesterwegstr. 26 | www.auftritt-frankfurt.de | U 1–3/8 Schweizer Platz*

ESCAPE FUTURA (117 D3) *(🕮 N4)*
Kultiges, zum Teil ausgefallenes Schuhwerk, z. B. von Springcourt in Fuchsia oder Birkenstock. Auch modebewusste Männer werden hier fündig. *Sandgasse 4 | U-/S-Bahnen Hauptwache*

SOUVENIRS

Typisch für Frankfurt ist das Trio Bethmännchen, Bembel und Gerippte. Für den Gaumen bietet sich überdies der Mainkaffee an – eine spezielle Röstung fair gehandelter Biobohnen nur für Frankfurt (erhältlich u. a. im Café Wacker am Kornmarkt). Honig von Frankfurter Bienen? Ihre Stöcke stehen auf dem Dach

SPORT ZUM MITFIEBERN

Adlern und Löwen gehört seit eh und je das Herz der Frankfurter. Die Fußballduelle der Eintracht *(www.eintracht.de)*, die den Adler im Mannschaftswappen trägt, werden in der *Commerzbank Arena* **(127 E4)** *(🕮 O) (Mörfelder Landstr. 362 | S 7–9 F-Stadion)* ausgetragen. Dort ist auch das *Eintracht Frankfurt Museum (Di–So 10–18 Uhr | 5 Euro | www.eintracht-frankfurt-museum.de)* untergebracht. Tickets für die Spiele des Bundesligisten gibt's online oder z. B. beim *Eintracht Shop* **(117 D4)** *(🕮 N4) (Bethmannstr. 19 | eintrachtshop.de | U 4/5 Willy-Brandt-Platz)*. Das *Stadion am Brentanobad* **(118 B2)** *(🕮 H2) (Rödelheimer Parkweg 39 | U 6 Fischstein)* ist die sportliche Heimat des 1. FFC Frankfurt *(www.ffc-frankfurt.de)* und Austragungsort der Bundesliga-Spiele des Frauenfußballvereins (Tickets online). Die Löwen sind der Eishockeyclub der Stadt *(www.loewen-frankfurt.de)*. Terrain für Training und Heimspiele ist die *Eissporthalle Frankfurt* **(121 F2)** *(🕮 R2) (Am Bornheimer Hang 4 | U 7 Eissporthalle/Festplatz)*. Tickets für die Eiswettkämpfe über die Hotline *0180 6 05 04 00 (*)* oder u. a. im *MyZeil Ticketshop*. Frankfurts Basketballer heißen Fraport-Skyliners *(www.fraport-skyliners.de)* nach ihrem Sponsor, dem Frankfurter Airport. Seine Heimspiele (Tickets online und wie für die Löwen) trägt der Basketball-Bundesligist in der *Fraport Arena* **(127 E4)** *(🕮 A5) (Silostr. 46 | ab Bf. Höchst Bus 54 Silobad/Ballsporthalle)* in Höchst aus.

des *Museums für Moderne Kunst (MMK)* (s. S. 37), und unten an der Kasse kann man das süße Produkt kaufen. Ebenfalls süß, aber fruchtig: das Frankfurt-Müsli (bei *MyMuesli* im neuen Einkaufszentrum *Skyline Plaza* im Europaviertel). Mit Alex Habermehls INSIDER TIPP liebevoll fotografierten Frankfurt-Details, aufgezogen auf Holzblöcke, lassen sich in Bauklötzchenmanier ganz neue Ansichten gestalten *(www.frankfurterbubb.de)*. Weitere Ideen für eine Erinnerung an Frankfurt findet man im *Frankfurt-Forum* zwischen Römerberg und Dom. Sogar als Kartenspiel oder Parfüm („Ville de Francfort 1732" oder „Goethes Rosenwasser") – erhältlich in der *Parfümerie Albrecht (in der Freßgass')* – lassen sich Stadterinnerungen mit nach Hause mitnehmen.

Das stadteigene Weingut betreibt seine Verkaufsstätte direkt am Römer

INSIDER TIPP BEEINDRUCKT
(121 D3) *(P2)*

Für überzeugte Frankfurter oder solche, die es werden wollen, bietet Daniel Hendrich „Schobbedeckelscher" und traditionelle Steingutkrüge sowie T-Shirts mit individuellen Drucken oder Stickereien. *Sandweg 105 | U 4 Merianplatz*

CONFISERIE JAMIN (117 D6) *(N5)*

Lassen Sie sich das Frankfurter Rathaus auf der Zunge zergehen: Die Patissiers des Traditionsbetriebs haben die „Römer"-Praline kreiert – eine süße Erinnerung an „Mainhattan". *Schweizer Str. 54a | www.jamin-frankfurt.de | U 1–3/8 Schweizer Platz*

HÖCHSTER PORZELLANMANUFAKTUR
(117 D3) *(N4)*

Kostbarkeiten aus der berühmten Produktionsstätte des weißen Golds. Traditionelles wird ebenso geboten wie Modernes. *Berliner Str. 60 | www.hoechster-porzellan.de | U-/S-Bahnen Hauptwache*

INSIDER TIPP KAUFHAUSHESSEN
(121 E2) *(Q1)*

Produkte und Waren von Herstellern aus Frankfurt und ganz Hessen. Die Palette reicht vom Thema Apfel bis hin zu Schreib-, Haushalts- und Spielwaren. *Mo geschl. | Berger Str. 288 | www.kaufhaushessen.de | U 4 Bornheim Mitte*

TÖPFEREI MAURER ★
(117 F6) *(O5)*

Bembel in allen Größen und Varianten, mit allen denkbaren Sinnsprüchen, auf Wunsch auch individuell verziert. *Wallstr. 5 | www.keramik-maurer.de | Bus 30/36 Affentorplatz*

WEINGUT DER STADT FRANKFURT ★
(119 D4) *(N4)*

Hier gibt es nicht nur die Tropfen von den Hochheimer Hängen, sondern auch den Riesling „Lohrberger Hang" direkt aus Frankfurts einzigem Weinberg innerhalb der Stadtgrenze. *Mo–Fr 9–12.30 Uhr | Limpurger Gasse 2/Römer | U 4/5 Römer*

AM ABEND

CITY WOHIN ZUERST?
Ein Inviertel in Sachen Nightlife gibt's nicht; getanzt und gechillt wird dezentral. Ein Hotspot ist der Osten um **Sonnemann-** und **Hanauer Landstraße (120 D–F 4–5)** ***(🕮 P–R 3–4)*** *(U 6/S-Bahn Ostbahnhof)*; ein zweiter, vor allem fürs jüngere Publikum, die **Innenstadt** nördlich und südlich der **Zeil (117 D–E 2–3)** ***(🕮 N–O 3–4)*** *(U-/S-Bahnen Haupt- oder Konstablerwache)*. Im **Bahnhofsviertel** tut sich viel in Sachen Barkultur an der Münchener und Ludwigstraße **(116 A–B 4–5)** ***(🕮 M–N4)*** *(U-/S-Bahnen Hauptbahnhof)*.

Frankfurts Nächte sind lang – man muss nur wissen wo. Es gibt eine lebendige Musik-, Party- und Kunstszene – allerdings zum Teil underground.

Wörtlich ist das nur in wenigen Fällen zu nehmen, aber die Locations wechseln rasch, sind oft nur temporär, und viele werden ausschließlich per Handy, Flyer auf Facebook oder per E-Mail-Verteiler weitergegeben. Ansonsten gibt es unter *www.wasgehtheuteab.de/frankfurt-am-main-und-umgebung* oder *www.virtualnights.com/frankfurt/events* Veranstaltungstipps. Das Konzertwesen und die Oper begeistern mit hervorragenden Künstlern sowie mutiger Werkewahl; Museen und ähnliche Institutionen öffnen sich mehr und mehr für Music und Dance. Jazz und Comedy, Kabarett und

 Bild: Am Börsenplatz

Moderne Oper, kritisches Theater, Weltklasseballett, reichlich Kleinkunst und pulsierende Clubs, Kneipen und Diskotheken

Varieté, Film und Boulevard ergänzen das Ausgehangebot.

BARS & SZENETREFFS

BAR OHNE NAMEN (117 D2) (*🕮 N3*)
Einst stand hier ein Kiosk, nun gibt es auf seiner Grundfläche eine Bar mit Holzhockern und exzellenten Cocktails. Bei kleinem Hunger sollten Sie die außergewöhnlichen Sandwiches ordern, die Sie im Sommer auch draußen genießen können. Am Wochenende wird Funk und R'n'B aufgelegt. *Mo–Do 11.30–2, Fr/Sa 11.30–4, So 17.30–1 Uhr | Eschenheimer Tor 3 | U 1–3 Eschenheimer Tor*

FREITAGSKÜCHE ★ (119 E5) (*🕮 L4*)
Kochen, Kunst, Kommunikation: Die Freitagsküche gehört zur Kulturszene der Stadt. Wechselnde Teams am Herd, Sommergarten und Jam-Sessions der *Jazz-Initiative Frankfurt. Mo–Do 12–15, Fr 12–14 und ab 19 Uhr | Mainzer Landstr. 105 | Hinterhaus | freitagskueche.de | Straßenbahn 11/16/17/21 Platz der Republik*

Der Sundowner in der Long Island Summer Lounge ist an warmen Sommerabenden kaum zu toppen

INSIDER TIPP JAMES THE BAR
(116) (*N4*)
Typisch britische Drinks, jeden 1. Samstag bei tanzbarem Soulfood-Sound. Mitunter begleiten auch Gastmusiker die DJs. *Di–Sa 18–24, So 17–23 Uhr | Gallusanlage 7 | English Theatre | www.english-theatre.org/bar | U 4/5 Willy-Brandt-Platz*

JIMMYS (119 E4) (*L4*)
Frankfurts Hotelbarklassiker, direkt gegenüber der Messe. Ambiente und Musik für das eher fortgeschrittene Alter. Livemusik am Piano. *Tgl. 20–4 Uhr | Friedrich-Ebert-Anlage 40 | Hessischer Hof | U 4 Festhalle/Messe | Bus 32 Schumannstraße*

LONG ISLAND SUMMER LOUNGE ●
(116 C2) (*N3*)
Urlaubsfeeling über den Dächern der City: mit Sand, Pool, Strandmöbeln und maritimer Bar. *Ab April/Mai bei gutem Wetter Mo–Fr 16–1, Sa/So 14–1 Uhr | Parkhaus Börse, Parkdeck 7 (6. Etage), Zugang Meisengasse oder Kaiserhofstraße | www.longislandcitylounge.de | U-/S-Bahnen Hauptwache*

INSIDER TIPP LOGENHAUS BAR
(120 B3) (*N2*)
Salonambiente, Cocktails und mehr als 80 Ginsorten. Im Sommer lockt zudem ein kleiner, versteckter Garten, in dem dann auch Quiche oder Bruschetta serviert werden. *So–Di geschl. | Finkenhofstr. 17 | logenhaus-bar.com | U 1–3, 8 Grüneburgweg | Bus 36 Bornwiesenweg*

LUNA-BAR (117 E2) (*N3*)
Klassische Bar mit guter Musik; bei Vollmond Liveprogramm. In dem schmalen Raum mit der langen Sitztheke werden hervorragende Cocktails gemixt. *Mo–Do 19–2, Fr/Sa 19–3 Uhr | Stiftstr. 6 | www.luna-bar.de | U-/S-Bahnen Hauptwache*

OLD FASHIONED BAR (117 F5) (*O4*)
Stilvolles 30er-Jahre-Ambiente mitten in Alt-Sachsenhausen, gepflegte Drinks und Vinylcocktails, die in die Beine gehen: Swing, Bebop-Jazz, Electroswing – sogar unter der Woche. *Mo–Do 21–2, Fr/Sa 21–4 Uhr | Klappergasse 35 | www.oldfashioned-bar.de | Bus 30/36 Elisabethenstraße*

CLUBS & DISKOTHEKEN

CAVE (117 E2) *(🗺 O3)*
Der Name verrät es schon: Kellergewölbe, tief unten, schwarz und raucherfreundlich. Beschallung von Rock bis Indie, Wave und NuMetal. Getränke eher bodenständig. *Di, Do–Sa 22–4 Uhr | Brönnerstr. 11 | www.the-cave.de | S-/U-Bahnen Konstablerwache*

CLUB EINHUNDERTEINS
(116 C4) *(🗺 N4)*
Nur einmal Monat, dafür aber im 25. Stock des ✶ *Japan Tower*. Mit Skyline-Panorama , Kuschelecken, kleinem Dancefloor und zwei Bars. *Einmal monatl. Sa ab 21 Uhr | Taunustor 2–4 | www.club101.de | U 1–5/8 Willy-Brandt-Platz | S 1–6 Taunusanlage*

INSIDER TIPP **DOUGH HOUSE**
(117 F5) *(🗺 O4)*
Im historischen Ambiente des ehemaligen Lokals Gorjel Schwenker entstand

INSIDER TIPP **PARIS' BAR**
(124 C3) *(🗺 N5)*
Das kleine, gelbe Haus, in dem Paris Kosmidis seit gut einem Jahrzehnt seine Weinentdeckungen ausschenkt und dazu Schinken, Käse oder andere Kleinigkeiten serviert, barg einst eine der ersten Apfelweinkeltereien mit Ausschank in Sachsenhausen. Heute gibt es hier am Wochenende sogar Frühstück – bei schönem Wetter auch im Vorgärtchen. *Mo–Sa 9–24, So 11–18 Uhr | Oppenheimer Landstr. 27 | www.parisbar-frankfurt.de | U 1–3/8 Schweizer Platz*

PLANK (116 B5) *(🗺 M4)*
Der Name der Bar erinnert an den verstorbenen Musikproduzenten Conny Plank, der u. a. Kraftwerk, Annie Lennox, David Bowie, Herbert Grönemeyer und die Scorpions betreute. Sein Schlagzeug schimmert vor den dunklen Wänden. Zu trinken gibt's vornehmlich hochwertige Weine und Schnäpse sowie ausgewählte Biere. *Mo–Do 11–1, Fr/Sa 11–2 Uhr | Elbestr. 15 | www.barplank.de | U-/S-Bahnen Hauptbahnhof*

MARCO POLO HIGHLIGHTS

★ **Freitagsküche**
Kulinarische Basis für das informelle Treffen von Kulturschaffenden und Kunstinteressierten → S. 75

★ **Jazzkeller Frankfurt**
Die Wiege großer Stars und eine der wichtigsten Frankfurter Musiklocations → S. 78

★ **Oper Frankfurt**
Kluges, auch rares Musiktheater auf höchstem Niveau → S. 79

★ **Tigerpalast**
Varietétheater mit internationalen Künstlern → S. 81

mit dem „Teighaus" eine Symbiose aus Club und Off-Location. Die Partyreihen reichen von House über Hip-Hop bis Urban. *Öffnungszeiten variabel | Kleine Rittergasse 19–21 | www.doughhouse.de | Bus 30/36 Elisabethenstraße*

GIBSON (117 E2) (*🕮 O3*)
Wo einst Kinofilme flimmerten, wummern nun Bässe. Zwei Etagen für Beats, Cocktails und Dance. *Do 20–4, Fr/Sa 23–5 Uhr | Zeil 85–93 | www.gibson-club.de | U-/S-Bahnen Konstablerwache*

KANE & ABEL (116 C3) (*🕮 N3*)
Edelclub mit Black Music der 80er und 90er, House, Mixed Music. Livegigs z. B. von Black Roséy und Affentheater. *Fr–Sa ab 23 Uhr | Goethestr. 31–33 | www.kane-and-abel.com | U-/S-Bahnen Hauptwache*

VELVET CLUB (116 C4) (*🕮 N4*)
Soul, Black, House, Dance Classics – und donnerstags zur WeLoveFrankfurt-Night Gratis-Fingerfood sowie Welcomedrink. **INSIDER TIPP** Zur Mittwochsdisco haben Studenten bis 24 Uhr freien Eintritt. *Mi–Sa je nach Event ab 19/20/21 Uhr | Weißfrauenstr. 12–16 | www.velvet-ffm.de | U 1–5/8 Willy-Brandt-Platz*

LIVEMUSIK

BATSCHKAPP (0) (*🕮 S1*)
Lenny Kravitz und Robbie Williams gastierten schon früh in der „Kapp"; inzwischen ist die Rockinstitution umgezogen und geht weiter mit der Zeit – ohne die „Gegenkultur"-Idee zu verleugnen. *Öffnungszeiten nach Veranstaltung | Gwinnerstr. 5 | batschkapp.tickets.de | U 7 Gwinnerstraße*

DAS BETT (118 B6) (*🕮 H5*)
Klangvoller Programmmix jenseits des Mainstreams: Local Heroes, Indie-Pop, Weltmusik, Singer-Songwriter, experimenteller Rock. *Di–So ab 20.30 Uhr | Schmidtstr. 12 | Kommunikationsfabrik | www.bett-club.de | Straßenbahn 11/21 Wickerer Straße, Mönchhofstraße*

BROTFABRIK (118 C1) (*🕮 J1*)
Kulturzentrum mit Konzerten von Jazz bis Latin und regelmäßigen Salsa-Nights. *Öffnungszeiten nach Veranstaltung | Bachmannstr. 2–4 | www.brotfabrik.info | U 6 Fischstein | U 7 Große Nelkenstraße*

JAZZKELLER FRANKFURT ★
(116 C3) (*🕮 N3*)
Weltstars hautnah seit 1952. Auch Frank Sinatra und Dean Martin saßen schon im „Domicile du Jazz". Duke Ellington spielte hier, Louis Armstrong oder Dizzy Gillespie. Noch immer gibt es Sessionabende, inzwischen hört man aber auch populäre Jazzformen sowie tanzbare Swinging-Latin-Funk-Klänge. *Di–Do ab 21, Fr/Sa ab 22, So ab 20 Uhr | Kleine Bockenheimer Str. 18a | www.jazzkeller.com | U 6/7 Alte Oper*

MAMPF (121 D3) (*🕮 P3*)
Seit gut dreißig Jahren gibt es zu Frikadelle, Chili und „haaßer Worscht" in dem Minilokal Konzerte; neben Jazz auch mal Blues, Swing, Latin oder Flamenco. *So–Do 18–1, Fr/Sa 18–2, Konzerte 20.30–23 Uhr | Sandweg 64 | Tel. 069 44 86 74 | www.mampf-jazz.de | U 4 Merianplatz*

NACHTLEBEN (117 F3) (*🕮 O3*)
Bistro, Bar und Disko mit Liveacts. Die Meister von morgen spielen hier auf. Einst waren das z. B. Rammstein, Lydia Lunch, Manic Street Preachers oder Readymade. Die Musikrichtung wechselt mit den Wochentagen. *Mo–Mi 10.30–2, Do–Sa 10.30–4, So 19–2 Uhr | Kurt-Schumacher-Str. 45 | batschkapp.tickets.de | U-/S-Bahnen Konstablerwache*

OPER, BALLETT & KONZERTE

ALTE OPER (116 C2) (*N3*)
Trotz des Namens ein reines Konzerthaus. Das Programm reicht von Klavierabenden über sinfonische Darbietungen bis zu Rock und Pop. *Opernplatz 1 | Ticket-Tel. 069 1340400 | www.alteoper.de | U 6/7 Alte Oper*

DRESDEN FRANKFURT DANCE COMPANY (119 E3) (*L3*)
Jacopo Godani, einst Tänzer unter William Forsythe, gründete nach dessen Abschied eine neue Truppe aus 14 international renommierten, jungen Tänzern, die am Main und an der Elbe residiert. *Carlo-Schmid-Platz 1 | Bockenheimer Depot | Ticket-Tel. 069 21249494 | www.dresdenfrankfurtdancecompany.com | U 4/6/7 Bockenheimer Warte*

KAMMEROPER
Seit mehr als 20 Jahren sorgt Rainer Pudenz mit seinem Team für Oper der anderen Art: klamaukig inszeniert, aber stets professionell intoniert – immer an wechselnden Spielstätten, u. a. in der Fabrik in Sachsenhausen. *Tel. 069 556189 | www.kammeroper-frankfurt.de*

OPER FRANKFURT ★ ●
(116 C4) (*N4*)
Renommierte Bühne mit klassischem wie modernem Opernrepertoire; darunter viele Entdeckungen und Raritäten. Immer mal wieder gibt es INSIDER TIPP „Oper to go" – einstündige After-Work-Angebote mit Solisten und einem Drink sowie 30-minütige Lunchkonzerte, jeweils gratis. *Untermainanlage 11 | Tel. 069 21249494 | www.oper-frankfurt.de | U 1–5/8 Willy-Brandt-Platz*

THEATER

INSIDER TIPP **THEATER ALTE BRÜCKE**
(117 F6) (*O4*)
Der Schauspieler und Regisseur Alexander Beck eröffnete Mitte 2015 in Sachsen-

Die Alte Oper: Konzerthaus mit hervorragender Akustik in spätklassizistischem Gewand

hausen sein eigenes Theaterchen (ca. 50 Plätze). Diverse Gastkünstler bringen ein breites Spektrum auf die Bühne – von Klassikern über Komödie bis zur Grammofonlesung. *Kleine Brückenstr. 5 | Tel. 069 85 80 06 78 | theater-alte-bruecke.de | Bus 30/36 Elisabethenstraße*

THE ENGLISH THEATRE
(116 C4) (*🗺 N4*)

Klassiker, Komödien, Musicals, ausschließlich in englischer Sprache. Die Stücke sind meist Produktionen aus London oder New York. *Gallusanlage 7 | Tel. 069 24 23 16 20 | www.english-theatre.de | U 4/5 Willy-Brandt-Platz*

FLIEGENDE VOLKSBÜHNE
(117 D4) (*🗺 N4*)

One-Man-Oper, Klassiker im Dialekt und andere Schmankerln unterhaltsam-anspruchsvoller Bühnenkunst. Gespielt wird an verschiedenen Stätten, u. a. im Gesellschaftshaus des Palmengartens und in der Stalburg. *Tel. 069 24 14 24 35 | www.fliegendevolksbuehne.de*

LOW BUDG€T

Bei den Veranstaltungen in der *Hochschule für Musik und Darstellende Künste* **(117 D1) (*🗺 N3*)** *(Eschersheimer Landstr. 29–39 | Tel. 069 154 00 70 | www.hfmdk-frankfurt.info | U 1–3 Grüneburgweg)* treten nicht nur Studierende auf, sondern auch hochkarätige Gäste. Karten ab 6 Euro.

„Auf Konsum ist das Leben nicht ausgerichtet" lautet ein Motto der *Sommerwerft* **(125 E1) (*🗺 P4*)** *(östliches Mainufer, Höhe Weseler Werft | www.sommerwerft.de)*, die zwischen Mitte Juli und Anfang August stattfindet. Bei freiem Eintritt gibt es täglich Livemusik und Performances.

KÜNSTLERHAUS MOUSONTURM
(121 D3) (*🗺 P3*)

Internationale Gastspielbühne für zeitgenössisches Theater, Konzerte, Tanz und Performances hinter der Klinkerfassade einer historischen Seifenfabrik. *Waldschmidtstr. 4 | Tel. 069 4 05 89 50 | www.mousonturm.de | U 4 Merianplatz*

KULTURHAUS AM ZOO
(121 D4) (*🗺 P3*)

Das Theater *Die Katakombe* öffnet ihre Bühne für Gastensembles ohne eigene Spielstätte, bringt aber nach wie vor eigene, zeitgenössisch aufbereitete Klassikerinterpretationen auf die Bretter. *Pfingstweidstr. 2 | Tel. 06172 98 37 65 | www.katakombe.de | U 6/7 Zoo*

SCHAUSPIEL (116 C4) (*🗺 N4*)

Avantgarderegisseure setzen die Tradition des nicht gerade bequemen Theaters fort. *Neue Mainzer Str. 17/Willy-Brandt-Platz | Tel. 069 21 24 94 94 | www.schauspielfrankfurt.de | U 1–5/8 Willy-Brandt-Platz*

THEATER LANDUNGSBRÜCKEN
(123 E2) (*🗺 L5*)

Theater, Musik, Performance – eine hippe Off-Bühne auf einem ehemaligen Fabrikgelände. *Gutleutstr. 294 | Kartentel. 069 25 62 77 44 | www.landungsbruecken.org | S 3–6 Galluswarte | Bus 37 Johanna-Kirchner-AHZ*

THEATER WILLY PRAML
(121 D3) (*🗺 P3*)

Don Carlos, die Weihnachtsgeschichte, Schwarze Jungfrauen: Willy Praml bürstet in seinem Theater die Texte gegen den Strich und arbeitet im Industriegemäuer der *Naxoshalle* sowohl mit Schauspielprofis als auch mit Laiendarstellern. *Wittelsbacher Allee 29 | Tel. 069 43 05 47 34 | www.theater-willypraml.de | U 4 Merianplatz | U 6/7 Zoo | Straßenbahn 14 Habsburger-/Wittelsbacher Allee*

VOLKSTHEATER HESSEN

Stoltze-Stücke und anderes auf Hessisch gebabbelt. Ohne festes Haus – gespielt wird u. a. auf einem Schiff und auf Gastbühnen. *Kartentel. 069 21 99 56 15 | www.volkstheater.eu*

VARIETÉ, KABARETT & CO.

DIE KÄS (121 D3) *(🕮 P3)*

Hausherr Sinasi Dikmen bietet in seinem „Kabarett Änderungsschneiderei" neben dem eigenen Programm auch renommierten Gastakteuren eine Plattform. *Naxoshalle | Waldschmidtstr. 19 | Tel. 069 55 07 36 | www.die-Kaes.com | U 4 Merianplatz*

LITERATURHAUS (121 D5) *(🕮 O4)*

Hochkarätige Lesungen internationaler Autoren, nettes Caférestaurant. *Schöne Aussicht 2 | Tel. 069 7 56 18 40 | literaturhaus-frankfurt.de | S-Bahn 1–6, 8/9 Ostendstraße | Bus 30/36 Schöne Aussicht*

INSIDER TIPP **MAL SEH'N**
(120 C3) *(🕮 O2)*

Filmkultur mit außergewöhnlichen Werken und Reihen. Kleine, urige, cineastisch dekorierte Kneipe. *Adlerflychtstr. 6 | Tel. 069 5 97 08 45 | www.malsehnkino.de | U 5 Musterschule | Bus 36 Adlerflychtplatz*

STALBURG-THEATER (120 C2) *(🕮 O2)*

Bühnenkunst passend zum ausgeschenkten Apfelwein – spritzig, witzig, mal als Chansonabend, mal als TV-Serien-Persiflage. INSIDER TIPP Im Sommer gibt es das „Stoffel"-Programm im Günthersburgpark. *Glauburgstr. 80 | Tel. 069 25 62 77 44 | stalburg.de | U 5 Glauburgstraße*

Die hohe Kunst des Varietés – perfekt dargeboten im Tigerpalast

TIGERPALAST ★ (120 C4) *(🕮 O3)*

Johnny Klinke, einst Weggefährte von Joschka Fischer, hat sich seinen Traum erfüllt und Frankfurt wieder ein echtes Varietétheater beschert. Akrobaten und Künstler aus aller Welt bezaubern nun alle, die das nötige Kleingeld besitzen. *Heiligkreuzgasse 16–20 | Tel. 069 9 20 02 20 | www.tigerpalast.com | U-/S-Bahnen Konstablerwache*

ÜBERNACHTEN

Mehr als drei Millionen Gäste übernachten jährlich in Frankfurt – das Gros von ihnen aus beruflichen Gründen. Sie kommen zu Messen, Kongressen, Meetings. Hauptsächlich auf diese Businessklientel ist das Unterkunftsangebot Frankfurts zugeschnitten.

Mehr und mehr buhlen die Hoteliers der Mainmetropole jedoch auch um den privaten Kunden – vor allem an den Wochenenden. So manche Luxusherberge lässt da nicht nur die Zimmerpreise purzeln, sondern schnürt auch attraktive Packages. Auch viele kleinere Häuser bieten – außerhalb der Messezeiten – günstige Wochenendtarife. In jüngster Zeit wuchsen überdies vorwiegend Drei-Sterne-Hotels aus dem Boden – in angesagten Stadtteilen wie dem Ostend ebenso wie in absoluter Citylage. Auch elegante, teils modern designte Boutiquehotels und stilvolle, familiär geführte Pensionen in oft schönen historischen Villen oder Bürgerhäusern bereichern die Palette der seit dem Mittelalter verbrieften Frankfurter „Gasthalterei". Insgesamt stehen heute im Frankfurter Stadtgebiet annähernd 40 000 Betten zur Verfügung. Die Ausstattung und Architektur der Unterkünfte – von denen einige inzwischen markante Zeichen in der Frankfurter Skyline setzen – erstreckt sich von futuristisch bis zur luxuriösen Moderne, reflektiert den Standort Kunstmeile ebenso wie die Geschichte der Jeans. Von sechs Zimmern in einem Garni oder Bed & Breakfast bis hin zu 999 unter einem Dach reicht die Spanne der Schlafmög-

Bild: Radisson Blu Hotel

Charmantes Bed and Breakfast, Designerapartment oder Luxusherberge: In Frankfurt gibt's für jeden die passende Unterkunft

lichkeiten. Viele davon sind buchbar über *www.frankfurt-tourismus.de*.

HOTELS €€€

HILTON FRANKFURT HOTEL ★
(116 C2) *(🗺 N3)*
Moderne Transparenz gleich hinter der Alten Oper am begrünten Anlagenring. Schöne Parkterrasse, Fitnesscenter und großer Pool. *342 Zi. | Hochstr. 4 | Tel. 069 13 38 00 | www.hilton.de/frankfurt | U 1–3 Eschenheimer Tor*

INTERCONTINENTAL FRANKFURT
(116 B5) *(🗺 N4)*
Elegantes Haus direkt am nördlichen Mainufer. Superausblick aus den oberen der 21 Etagen. *770 Zi. | Wilhelm-Leuschner-Str. 43 | Tel. 069 2 60 50 | www.frankfurt.intercontinental.com | U-/S-Bahnen Hauptbahnhof*

JUMEIRAH FRANKFURT ★
(117 D–E2) *(🗺 N3)*
In der spektakulären Doppelturmarchitektur des neuen Palais-Quartiers bietet

das Haus der Luxushotelkette 218 Zimmer und Suiten mit Aussicht im klassisch-zeitgenössischen Stil. *Thurn-und-Taxis-Platz 2 | Tel. 069 2972370 | www.jumeirah.com | U-/S-Bahnen Hauptwache*

HOTEL LIEBIG (120 A3) (*M2*)
Liebevoll dekoriertes, kleines Luxus-B&B in einem Jahrhundertwendehaus mit Garten im Westend. Schöne Bäder. *19 Zi. | Liebigstr. 45 | Tel. 069 24182990 | www.hotelliebig.de | U 6/7 Westend*

THE PURE ★ (119 E5) (*M4*)
Designhotel mit viel puristischem Weiß und minimalistischen Formen. Angesagte Bar und Sommerlounge. *50 Zi. | Niddastr. 86 | Tel. 069 7104570 | www.the-pure.de | U-/S-Bahnen Hauptbahnhof*

ROOMERS (116 B5–6) (*M4*)
Zeitgenössische Eleganz in ehemaligem Bürogebäude: Samt, Polsterwände, Designlüster. Das Restaurant überzeugt mit feingliedriger Cross-over-Küche auf der Basis frischer Produkte. In der preisgekrönten Bar gibt es mitunter INSIDER TIPP musikalische Live-Acts. *116 Zi. | Gutleutstr. 85 | Tel. 069 2713420 | www.roomers.eu | U-/S-Bahnen Hauptbahnhof*

HOTELS €€

25 HOURS TAILORED BY LEVIS
(116 A4) (*M4*)
Der Jeanshersteller wird nicht umsonst im Namen geführt: Verschiedene Blautöne verweisen auf die Jeans-Farbmoden, und die Zimmer gibt es in den Größen M, L und XL. Junge, fröhliche Details. Im Keller wartet ein INSIDER TIPP komplett eingerichteter Probenraum auf musikaktive Gäste. *76 Zi. | Niddastr. 58 | Tel. 069 2566770 | www.25hours-hotels.com | U-/S-Bahnen Hauptbahnhof*

HOTEL BEETHOVEN (119 E4) (*L3*)
Charmant-modernes Vier-Sterne-Haus in einer stilvollen Westendvilla. *30 Zi. | Beethovenstr. 46 | Tel. 069 7434970 | www.hotelbeethoven.de | U 4/6/7 Bockenheimer Warte*

BRISTOL HOTEL (120 E5) (*M4*)
Zeitgeistig umgestaltetes, klar gestyltes Vier-Sterne-Haus, das trotz aller Stringenz

Im Jumeirah Frankfurt werden Sie auch in kulinarischer Hinsicht verwöhnt

mit liebevollen Details für Wohlfühlatmosphäre sorgt. Sommerlounge und angesagte Bar. *145 Zi. | Ludwigstr. 15 | Tel. 069 24 23 90 | www.bristol-hotel.de | U-/S-Bahnen Hauptbahnhof*

DIRAZI GUESTHOUSE (116 A3) (*M4*)
Eleganz in verschiedenen Varianten: 15 geschmackvolle Zimmer und Apartments mit Küchenzeile und kostenlosem Internetzugang in einer ruhigen Westendstraße, teils mit Gartenblick bzw. Balkon. *Niedenau 7 | Tel. 069 71 03 44 30 | www.dirazi.de | S-Bahnen Taunusanlage | Straßenbahn 11/16/17/21 Platz der Republik*

FLEMINGS DELUXE HOTEL FRANKFURT-CITY (117 D2) (*M3*)
Edle Stoffe und Materialien in warmen Erdtönen wie Bordeaux und Bernstein, kombiniert mit modernen Designelementen im einstigen Bayerhaus, dessen INSIDER TIPP Paternoster erhalten blieb. *210 Zi. | Eschenheimer Tor 2 | Tel. 069 4 27 23 20 | www.flemings-hotels.com | U 1–3 Eschenheimer Tor*

HOLIDAY INN FRANKFURT ALTE OPER (116 B3) (*M4*)
Wohnlich designte, moderne Zimmer, die in Gras- oder Beerentönen gehalten sind. Zur Alten Oper und ins angesagte Bahnhofsviertel sind es nur wenige Spazierminuten. Auch Allergikerzimmer. *249 Zi. | Mainzer Landstr. 27 | Tel. 0800 7 23 51 85 | short.travel/ffm9 | S-Bahnen Taunusanlage*

INSIDER TIPP **LIBERTINE** (125 D2) (*O4*)
„Heimat auf Zeit" lautet das Motto in dem sanierten Altbau in Altsachsenhausen. 27 individuell gestaltete Ein- bis Drei-Zimmer-Suiten verteilen sich auf den oberen der sieben Etagen; zudem gibt es eine Kocharena mit Skylineblick, ein Lädchen mit Produkten aus eigenem Anbau und im Erdgeschoss das Wohnzimmercafé. Für Ausflüge können eine Vespa und Fahrräder gemietet werden. *Frankensteiner Str. 20 | Tel. 069 66 16 15 50 | www.das-lindenberg.de/libertine | Straßenbahn 14, 18 Frankensteiner Platz*

MARCO POLO HIGHLIGHTS

★ **Hilton Frankfurt Hotel**
Parkterrasse und Riesenschwimmbad mitten in der City → S. 83

★ **Jumeirah Frankfurt**
Luxushotel der Dubaier Hotelkette im Palais-Quartier → S. 83

★ **The Pure**
Angesagte Designherberge im zunehmend trendigen Bahnhofsviertel → S. 84

★ **Hotel Nizza**
Plüschfreie (Künstler-)Herberge mit Billardzimmer und winziger Dachterrasse → S. 87

★ **Hotel Villa Orange**
Nostalgische Badewannen, Himmelbetten und ein Frühstück in Bioqualität sorgen für gehobenes Lebensgefühl – nur fünf Minuten von der Zeil → S. 87

★ **25 Hours Hotel The Goldman**
Prinzessinnenraum, Beatnik-Zimmer ... Hotelgeschichten auf wenigen Quadratmetern → S. 87

★ **Art Hotel Robert Mayer**
Möbelklassiker von Gerrit Rietveld und Lloyd Wright, Schnullerlampen und viele andere Kunststücke → S. 89

MÖVENPICK HOTEL FRANKFURT CITY
(119 E5) *(🕮 L4)*
Modernes 288-Zimmer-Haus im neuen Europaviertel zwischen Bahnhof und Messe. Acht Allergiker- und 26 Skyline-Zimmer, Fitnessareal in der 7. Etage und All-Day-Bar, in der Sportereignisse auf der Großbildleinwand verfolgt werden können. *Den Haager Str. 5 | Tel. 069 788 0750 | short.travel/ffm10 | U 4 Festhalle/Messe | Straßenbahn 16 Festhalle/Messe*

NH COLLECTION FRANKFURT CITY
(117 F2) *(🕮 O3)*
Modernes Vier-Sterne-Businesshotel im Zentrum, unweit der Zeil. Klare Linien, großzügige Räume mit Gratis-Internetzugang. Reichhaltiges Frühstücksbuffet sowie zum Lunch oder Dinner japa-

LUXUSHOTELS

Hessischer Hof (119 E4) ***(🕮 M4)***
Goethes Worte „Hier bin ich Mensch, hier darf ich's sein" hat sich das ehemalige Stadtpalais der Prinzen von Hessen zur Maxime erkoren. Neben antikem Interieur gibt es für die Gäste daher täglich eine Hospitality-Lounge sowie Spa und Fitnessbereich mit Dachterrasse. *121 Zi. | DZ 195–310 Euro | Friedrich-Ebert-Anlage 40 | Tel. 069 754 00 | www.hessischer-hof.de | U 4 Festhalle/Messe*

Le Méridien Parkhotel Frankfurt (116 B5) ***(🕮 M4)***
Jugendstilpalais mit zeitgenössischem Anbau zwischen Bahnhof und Main. Drinnen überraschen frische Farben und Designerbäder. Besonders schön sind die Zimmer im historischen Haupthaus. *297 Zi. | DZ 259–459 Euro | Wiesenhüttenplatz 28–38 | Tel. 069 2 69 70 | www.lemeridienparkhotelfrankfurt.com | U-/S-Bahnen Hauptbahnhof*

Steigenberger Frankfurter Hof (117 D4) ***(🕮 N4)***
Die stilvolle Traditionsherberge zwischen Schauspielhaus und Hauptwache gehört zu den hundert besten Hotels der Welt. Internationale Prominenz steigt gern hier ab und schätzt den persönlichen Touch, den Luxus hier hat – vom Butlerservice bis zum Gourmetrestaurant. *332 Zi. | DZ 169–624 Euro | Am Kaiserplatz 1 | Tel. 069 2 15 02 | www.steigenbergerhotelgroup.com | U 1–5/8 Willy-Brandt-Platz*

Villa Kennedy (124 B3) ***(🕮 M5)***
Eine denkmalgeschützte Bankiersvilla von 1904 bildet den Kern des Hotelkomplexes, dessen Zimmer unterschiedlich ausgestattet sind: von Art déco bis 60er-Jahre-Design. Großzügige Innenhofterrasse mit Bar und Restaurant. *163 Zi. | DZ 550–1885 Euro, Special Packages ab 399 Euro | Kennedyallee 70 | Tel. 069 71 71 20 | www.villakennedy.com | Straßenbahn 16 Vogelweidstraße*

Westin Grand (117 F2) ***(🕮 O3)***
Hinter der unscheinbaren Fassade verbirgt sich eindrucksvolle Lichte und Weite. Der Charakter der exklusiv gestalteten Zimmer reicht von klassisch-elegant über postmodern bis hin zu asiatisch und Art déco. *371 Zi. | DZ 249–619 Euro | Konrad-Adenauer-Str. 7 | Tel. 069 2 98 10 | www.westingrandfrankfurt.com | U-/S-Bahnen Konstablerwache*

nische und arabische Spezialitäten. *256 Zi. | Vilbeler Str. 2 | Tel. 069 9 28 85 90 | www.nh-hoteles.de | U-/S-Bahnen Konstablerwache*

la wurde als erstes Frankfurter Hotel mit dem Qualitätssiegel der Biohotels ausgezeichnet. Zudem sind es nur fünf Minuten zu Fuß auf die Zeil. *38 Zi. | Hebelstr. 1 | Tel.*

Eine Institution: der Frankfurter Hof im Herzen der Stadt

HOTEL NIZZA ★ (116 B5) *(M4)*
Bei Musikern und Schauspielern beliebtes, familiäres Haus in einem Gründerzeitbau im Bahnhofsviertel. Statt Plüsch oder Plastik gibt es in den Zimmern helles Parkett und Antiquitäten, zu drei Zimmerpaaren gehören salongroße Gemeinschaftsbäder mit sehenswerter Wandbemalung. Billardraum und kleiner Dachgarten mit herrlichem Blick auf einen Teil der Frankfurter Skyline. *25 Zi. | Elbestr. 10 | Tel. 069 2 42 53 80 | www.hotelnizza.de | U-/S-Bahnen Hauptbahnhof*

HOTEL VILLA ORANGE ★
(120 C3) *(O3)*
Himmelbetten, frei stehende Badewannen, blau-weiße Landhausbäder, viel Helligkeit, eine gemütliche Bibliothek – und ein Frühstück in Bioqualität. Die Villa wurde als erstes Frankfurter Hotel mit dem Qualitätssiegel der Biohotels ausgezeichnet. Zudem sind es nur fünf Minuten zu Fuß auf die Zeil. *38 Zi. | Hebelstr. 1 | Tel. 069 40 58 40 | www.villa-orange.de | U 5 Musterschule*

WELCOME HOTEL FRANKFURT
(118 B4) *(J3)*
Vier-Sterne-Haus unweit der Messe. Spa mit finnischer Sauna, Chill-out-Room, zwei rollstuhlgerechte und zwei Allergikerzimmer. *173 Zi. | Leonardo-da-Vinci-Allee 2 | Tel. 069 7 70 67 00 | www.welcome-hotels.com | Straßenbahn 17 Leonardo-da-Vinci-Allee*

HOTELS €

25 HOURS HOTEL THE GOLDMAN ★
(121 E4) *(Q4)*
Frankfurter Künstler waren Impulsgeber für die Gestaltung der (kleinen) bunten Zimmer, von denen jedes anders ist. Im Preis inbegriffen ist die INSIDER TIPP

Wer's kühl-puristisch liebt, ist im Motel One East Side richtig

Nutzung stylischer E-Bikes. *49 Zi. | Hanauer Landstr. 127 | Tel. 069 40 58 68 90 | www.25hours-hotels.com | U 6 Ostbahnhof | Straßenbahn 11 Osthafenplatz*

THE CORNER HOTEL (116 A4) *(M4)*
Moderne, helle Zimmer mit schwarzen Akzentlinien zwischen asiatisch und Art déco. An belebter Straßenkreuzung am Schnittpunkt von Bahnhofsviertel und Messe/Europaviertel. Viele Hotspots in Laufweite. *50 Zi. | Mainzer Landstr. 73 | Tel. 069 25 62 65 50 | www.thecornerhotel.de | U-S-Bahnen Hauptbahnhof | Straßenbahn 11/16/17/21 Platz der Republik*

EASY-HOTEL (116 A4) *(M4)*
Bett, Dusche, eventuell ein Sessel – das war's in den 120 Zimmern für zwei oder drei: Der Name ist Programm bei dieser siebengeschossigen Herberge zwischen Hauptbahnhof und Messe. Statt Frühstücksraum oder Restaurant gibt es einen Automaten, Gepäckaufbewahrung per Schließfach. *Düsseldorfer Str. 19–23 | Tel. 069 17 48 92 20 | www.easyhotel-frankfurt.de | Straßenbahn 11/16/17/21 Platz der Republik*

HOTEL GÖLZ GARNI (119 E4) *(L3)*
Gepflegte, kleine Pension in einem Gründerzeithaus im Westend. Die Doppelzimmer bieten Platz für ein drittes Bett (gegen Aufpreis). *12 Zi. | Beethovenstr. 44 | Tel. 069 74 67 35 | www.hotel-goelz.de | U 4/6/7 Bockenheimer Warte*

GOLDEN LEAF HOTEL & RESIDENCE (121 E4) *(Q4)*
Modernes Budgethotel in der City-Ost, ruhig und mit allem Komfort. *170 Zi. | Launhardtstr. 2–4 | Tel. 069 94 99 00 | www.golden-leaf-hotel.de | U 6 Ostbahnhof | Straßenbahn 11 Osthafenplatz*

KAUTZ (117 D6) *(N5)*
Unprätentiöses, familiengeführtes Drei-Sterne-Haus, das nur einen Steinwurf vom Museumsufer entfernt ist. INSIDER TIPP Fragen Sie nach den Südzimmern, sie liegen nicht zur lauten Straßenseite. *22 Zi. | Gartenstr. 17 | Tel. 069 61 80 61 | www.hotelkautz.de | U 1–3 Schweizer Platz*

MANHATTAN HOTEL (116 A4) *(M4)*
Kunstvoll gestaltetes, modernes Stadthotel, in dem auch günstige Dreibettzimmer zu haben sind. *60 Zi. | Düsseldorfer Str. 10 | Tel. 069 2 69 59 70 | www.manhattan-hotel.com | U-/S-Bahnen Hauptbahnhof*

HOTEL MIRAMAR (117 E3) *(O4)*
Zentrale Lage unweit von Paulskirche und Römerberg. Modern-gemütliche, schallisolierte Zimmer. *39 Zi. | Berliner Str. 31 | Tel. 069 9 20 39 70 | www.miramar-frankfurt.de | U-/S-Bahnen Hauptwache | U 4/5 Römer*

MOTEL ONE EAST SIDE
(121 F4) *(R3)*
Günstige Unterkunft in frischem Design, nur ein paar Schritte vom neuen Hafenpark entfernt. *189 Zi. | Hanauer Landstr. 142 | Tel. 069 13 02 57 80 | www.motel-one.com | U 6 Ostbahnhof | Straßenbahn 11 Osthafenplatz*

ART HOTEL ROBERT MAYER ★
(119 D4) *(L3)*
Denkmalgeschützte Villa (1905) mit zwölf individuell von Künstlern gestalteten Zimmern. *Robert-Mayer-Str. 44 | Tel. 069 9 70 91 00 | www.arthotel-frankfurt.de | U 4/6/7 Bockenheimer Warte*

TURM HOTEL (117 D2) *(N3)*
Ob „Oriental Hip", „Fresco" oder „Little Gym" – jede der insgesamt fünf Zimmerkategorien hat ihren Charme. *74 Zi. | Eschersheimer Landstr. 20 | Tel. 069 15 40 50 | www.turmhotel-fra.de | U 1–3 Eschenheimer Tor*

JUGENDHERBERGE

HAUS DER JUGEND (117 F5) *(O4)*
Strategisch günstig am Sachsenhäuser Mainufer gelegen. Wer sich mit einer Schlafstatt im Mehrbettzimmer nicht abfinden mag und über ein pralleres Portemonnaie verfügt, kann ein Apartment, Doppel- oder Einzelzimmer beziehen. *430 Betten | Person/Nacht 16,50–39,50 Euro (Jugendherbergsausweis) | Deutschherrnufer 12 | Tel. 069 6 10 01 50 | www.jugendherberge-frankfurt.de | Bus 46 Frankensteiner Platz*

PRIVATZIMMER

Private Zimmer können u. a. über die Website der Tourismus- und Congress-GmbH *(www.frankfurt-tourismus.de)* oder unter *Tel. 069 21 23 08 08* gebucht werden.

LOW BUDG€T

Am Wochenende bietet das *Hotel am Berg* **(125 D3)** ***(O6)*** *(20 Zi. | Grethenweg 23 | Tel. 069 66 05 37-0 | www.hotel-am-berg-ffm.de | U 1–3 Südbahnhof)* Doppelzimmer bereits ab 55 Euro (ohne Frühstück) an. Wochentags sind die individuell gestalteten Zimmer in der Gründerzeitvilla ab 68 Euro zu haben. Kinder bis 10 Jahre (max. 2) schlafen gratis mit im Bett ihrer Eltern.

Für zwei Personen, die mit Etagenbad auskommen, kostet die Übernachtung im *Five Elements Hostel* **(116 A4)** ***(M4)*** *(47 Zi. | Moselstr. 40 | Tel. 069 24 00 58 85 | www.5elementshostel.de | U-/S-Bahnen Hauptbahnhof)* 55 Euro, mit eigenem Bad zahlt man 60 Euro. Ein reichhaltiges Frühstück gibt es für 4 Euro – das Ganze in einem sanierten Jahrhundertwendehaus.

ERLEBNISTOUREN

1 FRANKFURT PERFEKT IM ÜBERBLICK

START: ❶ **Hauptwache** **ZIEL:** ⑮ **22nd Lounge & Bar**	**1 Tag** reine Gehzeit 1½ Stunden
Strecke: ➡ **10 km**	

KOSTEN: U-Bahn/Straßenbahn 2,75 Euro pro Fahrt; Eintritte: Turm des Kaiserdoms 3 Euro, Schirn Kunsthalle 7–11 Euro, Deutsches Architektur-Museum 9 Euro, Städel 14 Euro, Alte Oper ab ca. 20 Euro

ACHTUNG: ⑭ **Alte Oper:** Kartenvorverkauf → S. 111

Kunst und Geschichte an beiden Ufern des Mains gepaart mit uriger Apfelweinkultur und einem sensationellen Blick von oben verschaffen einen abwechslungsreichen ersten Eindruck.

Städte haben viele Facetten. Wenn Sie Lust haben, diese verschiedenen Gesichter mit all ihren einzigartigen Besonderheiten zu entdecken, wenn Sie jenseits bekannter Pfade geführt oder zu grünen Oasen, ausgewählten Restaurants oder typischen Aktivitäten geleitet werden wollen, dann sind diese maßgeschneiderten Erlebnistouren genau das Richtige für Sie. Machen Sie sich auf den Weg und folgen Sie den Spuren der MARCO POLO Autoren – ganz bequem und mit der digitalen Routenführung, die Sie sich über den QR-Code auf S. 2/3 oder die URL in der Fußzeile zu jeder Tour downloaden können.

09:00 Sie starten an der **1 Hauptwache** **→ S. 34**. **Gehen Sie in westlicher Richtung ein Stück längs der Roßmarkts bis zur Ecke Am Salzhaus. Hier biegen Sie nach links ein, überqueren den Großen Hirschgraben,** und schon stehen Sie vor dem **2 Café Karin** *(tgl. | Großer Hirschgraben 28 | www.cafekarin.de)* – ideal fürs Frühstück oder eine Tasse Kaffee. Seine kleine Straßenterrasse ist im Sommer ein echter Logenplatz; bei schlechtem Wetter gewähren die großen Glasfenster im rechten Raumflügel immerhin den Blick auf das Goethehaus → S. 33 gegenüber.

1 Hauptwache

2 Café Karin

Bild: Hauptwache an der Zeil

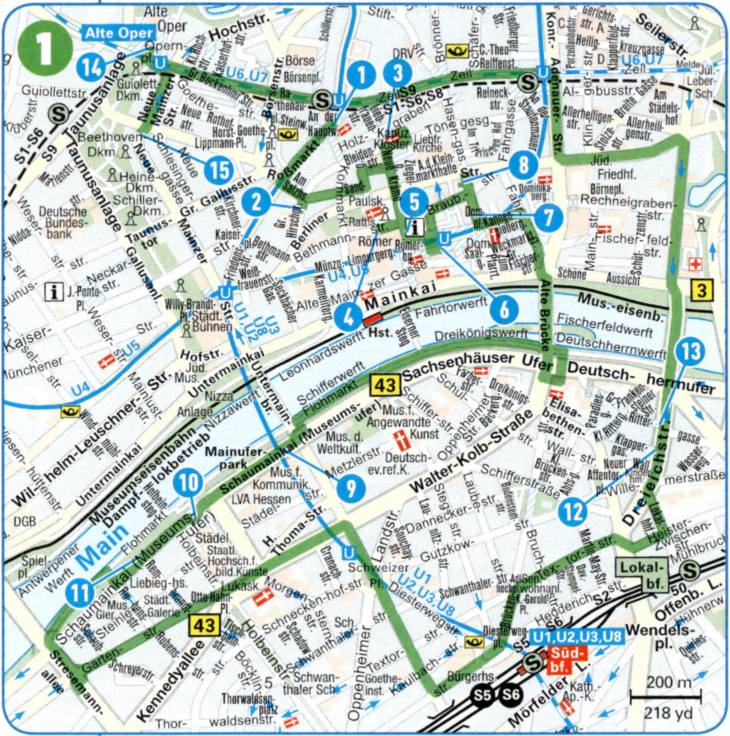

![10:00] **Durch die Weißadler- und die Sandgasse sowie die linker Hand beginnende Sandhofpassage erreichen Sie den Liebfrauenberg. Gehen Sie links am Brunnen vorbei auf die Töngesgasse bis zum Schärfengässchen: In seiner Mitte führt ein Durchschlupf** in den INSIDER TIPP stillen Hof des ❸ **Liebfrauenklosters → S. 37**. Oberhalb der Pforte illustriert eine Wandmalerei des Frankfurter Künstlers Guido Zimmermann die Philosophie der Kapuzinerbrüder. Halten Sie auf einer der Bänke kurz inne, bevor Sie **südwärts durch die kurze Fußgängerzone bis zur Berliner Straße** gehen. Vor Ihnen weitet sich der **Paulsplatz** mit der ❹ **Paulskirche → S. 38**, in die Sie kurz hineinschauen.

❸ Liebfrauenkloster

❹ Paulskirche

11:00 **Ein paar Schritte gen Süden,** und Sie befinden sich in Frankfurts guter Stube, auf dem ❺ **Römerberg → S. 39**. Lassen Sie die Fachwerkidylle auf sich wir-

❺ Römerberg

ken, bevor Sie sich am linken Rand des Platzes **durch eine breite Gasse** mit dem Kunstverein → S. 36 und Blick auf das neue Stadthaus → S. 21 über den römischen Ausgrabungen nach links zur **6 Schirn Kunsthalle → S. 40** wenden, wo Sie sich eine der Ausstellungen ansehen. Hinter der Schirn und der verdichteten Neuen Altstadt ragt der **7 Kaiserdom → S. 35** auf. Von seinem fast 100 m hohen Turm bietet sich ein phantastischer Ausblick – auch hinauf zu den Wolkenkratzern der City. Nach so viel Augenfutter ist nun wieder etwas für den Magen angesagt. Vom Dom Richtung Norden sehen Sie schon das an ein gigantisches Tortenstück gemahnende **Museum für Moderne Kunst → S. 37**. In seinem Sockel serviert die **8 Freitagsküche** *(Mo geschl. | Tel. 069 21999868 | freitagskueche.de | €–€€)* wechselnde internationale Gerichte.

6 Schirn Kunsthalle

7 Kaiserdom

8 Freitagsküche

13:30 Frisch gestärkt machen Sie sich nun auf den Weg **durch die Galerienmeile Fahrgasse über die Alte Brücke → S. 29** nach „Dribb de Bach", ans **Museumsufer → S. 27**. Für den Nachmittag wählen Sie am besten maximal zwei der dortigen Sammlungshäuser aus, z. B. das **9 Deutsche Architektur-Museum → S. 41** und das **10 Städel → S. 45** mit seiner weltberühmten Sammlung alter und moderner Kunst. Nicht vergessen: zwischendurch den Blick auf den Main genießen. Falls Sie nach dem (oder den) Museumsbesuch(en) eine Atempause und eine Stärkung brauchen: Der Hof des **Liebieghauses – Museum Alter Plastik → S. 44** birgt ein lauschiges **11 Sommercafé** *(Mo geschl.)*; im Winter gibt's die tollen Kuchen und deftigen Salate auch in zwei gemütlichen Räumen.

9 Deutsches Architektur-Museum

10 Städel

11 Sommercafé

17:30 Zu einem ersten „Schobbe" spazieren Sie nun **am Sachsenhäuser Mainufer Richtung Osten** – immer die Turmnadel der Dreikönigskirche → S. 42 und die markanten Doppeltürme der neuen Europäischen Zentralbank → S. 102 im Blick. Falls Ihnen die Füße weh tun, dann steigen Sie **südlich des Städel-Museums an der Stresemannallee/Gartenstraße in die Tram 16 oder 15 und fahren bis Lokalbahnhof (ca. 11 Min.).** Von dort sind es 3 Min. zu Fuß zum traditionsreichen Apfelweinlokal **12 Zum Eichkatzerl → S. 57**. Machen Sie es wie die Einheimischen und nehmen Sie hier zum Apfelwein ein frühes Abendessen ein oder probieren Sie nur einen Handkäs' als Aperitif.

12 Zum Eichkatzerl

19:30 Nach einem Rundgang durch die Fachwerkgassen im allmählich mit anspruchsvolleren Lokalen und

⑬ Alt-Sachsenhausen

⑭ Alte Oper

⑮ 22nd Lounge & Bar

Geschäften aufwartenden ⑬ **Alt-Sachsenhausen** → S. 41 nehmen Sie die **Straßenbahnlinie 18 (ab Lokalbahnhof oder Frankensteiner Platz) zurück nach „Hibb de Bach" – bis zur Konstabler Wache (ca. 10 Min.). Die U 6/7 bringt Sie von dort** rechtzeitig zum Konzertbeginn zur ⑭ **Alten Oper** → S. 79.

22:00 Beschwingt von dem Musikgenuss spazieren Sie die **Neue Mainzer Straße nach Süden.** Ihr Ziel ist die Hausnummer 66–68 mit der edlen ⑮ **22nd Lounge & Bar** *(So–Do 18–1, Fr/Sa bis 3 Uhr | Innside Eurotheum)* im Obergeschoss. Zum Cocktail oder Wein liegt Ihnen am Ende eines ereignisreichen Tags bei Cool Jazz und Live-Entertainment das nächtliche Frankfurt zu Füßen.

2 KULINARISCHER EINKAUFSBUMMEL EINST UND JETZT

START: ① Römerberg
ZIEL: ⑩ Kleinmarkthalle

Strecke:
1,6 km

½ Tag
reine Gehzeit
30 Minuten

MITNEHMEN: Einkaufskorb oder -tasche

ACHTUNG: ③ **Whisky for Life:** nur Mi–Sa geöffnet
④ **Naiv Store & Tasting Room:** nur Mi–Sa geöffnet
⑩ **Kleinmarkthalle:** Sa nur bis 16 Uhr geöffnet

Genuss wird großgeschrieben in Frankfurt, und er zeigt sich seit alters her in vielen Facetten – auch abseits der Freßgass'.

① Römerberg

13:30 Vor der Ostzeile des ① **Römerbergs** → S. 39 markiert ein **Sandsteinbrunnen** den Startpunkt dieser Tour. Ursprünglich wuschen an ihm die Frankfurter Hockinnen ihre Hände und Ware. Die Marktweiber, die so genannt wurden, weil sie auf niederen Schemeln hockten, betrieben ihre Geschäfte aber nicht nur auf dem Platz vor dem Rathaus. Das ganze Areal östlich von ihm diente bis ins späte 19. Jh. der Versorgung der Frankfurter. Im (durch die Rekonstruktion der Römer-Ostzeile und ihren modernen rückwärtigen Anbau wiederhergestellten) Rapunzelgässchen z. B. wurde Salat verkauft, vor dem gegenüberliegenden Steinernen Haus, heute Domizil des Kunst-

Von Caffè bis Chianti – auch italienische Spezialitäten werden in der Kleinmarkthalle verkauft

vereins → S. 36, handelte man mit Kräutern. Nördlich des archäologischen Gartens, der künftig wieder unter dem Erdgeschoss des neuen Stadthauses → S. 21 sichtbar sein wird, waren der Kraut- und der Hühnermarkt.

Wenige Schritte südlich, an der Stelle der heutigen Schirn Kunsthalle → S. 40, lag das Areal der Metzger. Ihre Verkaufsstände im Erdgeschoss der nur 2,5 m breiten Häuser entstanden, indem sie die Holzläden vor den Fenstern aufklappten und daraus Tisch und Dach machten. Diese Konstruktion nannte man Schirn. **Durch die Rotunde der Schirn und einen mainwärts gerichteten Treppenabgang erreichen Sie die Saalgasse.** Sie mündet ostwärts auf den **2 Weckmarkt**. Hier boten einst die „Kucheweiber" frische Backwaren an. Das Eckhaus trägt den Namen **Leinwandhaus**; schon im Mittelalter wurde hier mithilfe der „Frankfurter Elle" (eine Nachbildung hängt an der Fassade) zu Messezeiten das von den Händlern per Schiff antransportierte Tuchleinen gemessen. Inzwischen bergen die historischen Mauern das Caricatura – Museum für Komische Kunst → S. 32.

2 Weckmarkt

14:30 **Am Ende des Weckmarkts** stoßen Sie auf die **Fahrgasse**, in der nun Sie beginnen, Vorratskammer und Keller zu füllen: in Frank Jergers üppig bestücktem Spirituosengeschäft **3 Whisky for Life** *(Mi/Do 14–19, Fr 14–20, Sa 12–16 Uhr | Fahrgasse 6 | www.whiskyforlife.*

3 Whisky for Life

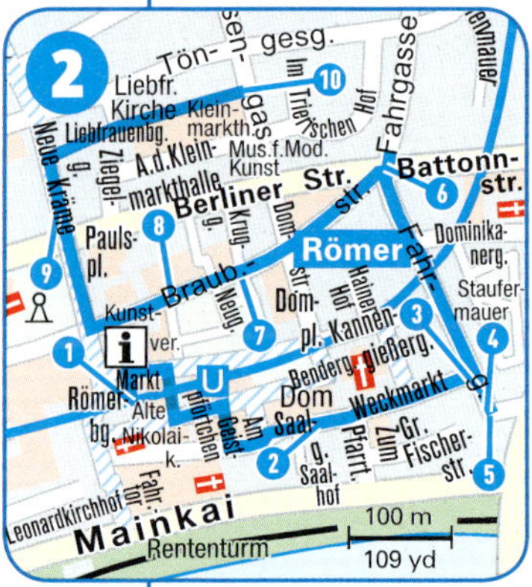

❹ **Naiv Store & Tasting Room**

❺ **The Holy Cross Brewing Society**

❻ **Frankfurter Dippemarkt**

❼ **Bitter & Zart**

❽ **Iimori**

❾ **Gewürz- und Teehaus Schnorr**

❿ **Kleinmarkthalle**

de), wo auch außerhalb der regelmäßigen Tasting-Veranstaltungen stets eine Probe aus Dutzenden von Flaschen möglich ist, im ❹ **Naiv Store & Tasting Room** **→ S. 69** mit seinen mehr als hundert Bierspezialitäten aus aller Welt, von denen ein Großteil auch im benachbarten, gleichnamigen Gasthaus → S. 65 ausgeschenkt werden, und in ❺ **The Holy Cross Brewing Society** *(Di–Fr 8.30–19, Sa/So 10–19 Uhr | Fahrgasse 7 | www.theholycross.de)*. Hier zelebriert Matthias Stalter mit seinem Team die Kunst des Kaffee-„Brauens" und bietet nicht nur frisch geröstete Bohnen und weiteres Zubehör an, sondern serviert auch Snacks.

Stadtwärts gelangen Sie zum Kannengießergässchen, wo die Lohnkutscher ihren Durst löschten, die mit ihren Fuhrwerken von den Gasthäusern in der Fahrgasse bis nach Frankreich und Italien aufbrachen. **An der Ecke Battonnstraße** finden Sie im ❻ **Frankfurter Dippemarkt** *(Fahrgasse 80 | www.frankfurterdippemarkt.de)* typische Apfelweinkrüge und -gläser als Souvenir. Der Name der **südwestlich abzweigenden Braubachstraße** verweist auf die frühe Tradition der Frankfurter Gerstensaftproduktion. Zudem lockt hier ❼ **Bitter & Zart → S. 69** mit allerlei Schokoladenspezialitäten, während man sich in der Patisserie ❽ **Iimori → S. 59** mit japanischen Köstlichkeiten eindecken kann. **Über den Paulsplatz und die Berliner Straße** spazieren Sie nun **durch die Neue Kräme** mit dem traditionsreichen ❾ **Gewürz- und Teehaus Schnorr** *(Neue Kräme 28 | www.teeshop.de)*, wo immer wieder auch Probehappen gereicht werden, **hinauf zum Liebfrauenplatz.** Dorthin und in die Töngesgasse wurde einst der Wochenmarkt verlegt, wenn sich auf dem Römerberg die Messehändler breitmachten.

15:30 Ende des 19. Jh. verfügten die Ratsherren allerdings die Verlegung des Markttreibens an die Stelle der ehemaligen Kasernen der Stadtmiliz – kaum 250 m von der heutigen ❿ **Kleinmarkthalle → S. 69** entfernt. Zum Abschluss gibt es hier z. B. eine typische Rindswurst im Stehen oder eine Fischsuppe auf der Galerie – und allerlei Internationales zum sofortigen Verspeisen oder als kulinarisches Mitbringsel. Auf der Außengalerie wird zudem Wein ausgeschenkt.

3 AUF GOETHES SPUREN

START: ❶ Goetheplatz **ZIEL:** ⓫ Eiserner Steg	**1 Tag** reine Gehzeit 2 Stunden
Strecke: **10 km**	

KOSTEN: Goethehaus 7 Euro, Schiffsfahrt 8,95 Euro

ACHTUNG: ❼ **Willemer Häuschen:** Innenbesichtigung nur So möglich
⓾ **Anleger Gerbermühle:** letzte Abfahrt Mo–Sa 16.30, So/Fei auch 18 und 18.30 Uhr

Um Frankfurts Dichterfürsten ranken sich viele Legenden. Doch wo seine Wiege stand, wo er lustwandelte, ruhte und feierte, das lässt sich bis heute bei einem Spaziergang nachvollziehen.

10:00 Der Spaziergang auf den Spuren des Dichterfürsten beginnt am ❶ **Goetheplatz**. Dort steht das von Ludwig (von) Schwanthaler 1844 geschaffene **Goethe-Denkmal**: Überlebensgroß erhebt sich der Dichterfürst auf einem Sockel mit allegorischen Reliefs und Szenendarstellungen aus seinen Werken. **Über den Roßmarkt und die Kaiserstraße wenden Sie sich nun in das Sträßchen am Salzhaus und dort gleich wieder nach rechts in den Großen Hirschgraben.** In der Nr. 23, dem ❷ **Goethehaus** → **S. 33**, wuchs Johann Wolfgang mit seiner jüngeren Schwester Cornelia auf, bis ihn sein Vater 1765 an die Universität nach Leipzig schickte.

Nach dem Rundgang durch die Museumsräume erreichen Sie **durch die Weißadlergasse und über den Kornmarkt** die kurze ❸ **Sandgasse**. Neben dem auf der rechten Seite gelegenen rückwärtigen Eingang zu einem Versicherungsgebäude erinnert eine Plakette an das Haus und die Werkstatt des Schneidermeisters Friedrich Georg Goethe, dem Großvater des Dichters. **Einige Schritte weiter nach rechts stoßen Sie auf die Berliner Straße,** dahinter liegen Paulsplatz und Römerberg → S. 39. **Das Fahrtor führt hinab an den Main zum Eisernen Steg** **→ S. 32****, über den Sie den Main überqueren.** Zu Goethes Zeiten existierte diese Fußgängerbrücke noch nicht, daher ließ sich der Herr Dichter mit dem Kahn übersetzen ins damals als ländliches Ausflugsziel und Sommerfrische beliebte Sachsenhausen.

❶ Goetheplatz
❷ Goethehaus
❸ Sandgasse

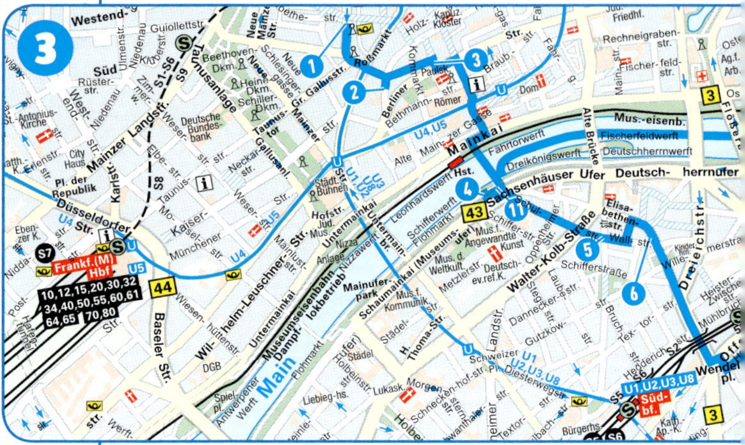

❹ Bootshaus Dreyer

❺ Wallstraße

❻ Alt-Sachsenhausen

❼ Willemer Häuschen

12:30 Zeit für die Mittagspause: Das schwimmende ❹ **Bootshaus Dreyer** *(Tel. 069 62 19 35 | www.boothaus-dreyer.de | €–€€)* serviert östlich des Brückenkopfs bei schönem Wetter Suppen, Sandwiches, Handkäs' und Frankfurter Würstchen. **Durch die Schulstraße** geht es weiter in die ❺ **Wallstraße**, wo es den Nachtisch oder einen Verdauungsespresso gibt – entweder im familienbetriebenen **Bizziice** *(tgl., im Winter Mo geschl. | Wallstr. 26 | www.bizzi-ice.com)*, das für sein leckeres Bioeis bekannt ist, oder – an Samstagen – an einem der vielen Stände des **Markts im Hof** → S. 70, wo vorwiegend regionale Erzeugnisse verkauft werden**. Durch das Fritschegässchen gelangen Sie über die Elisabethenstraße hinüber nach** ❻ **Alt-Sachsenhausen** → S. 41 mit seinen historischen Fachwerkgassen. **Über den Affentorplatz geht es zurück auf die Darmstädter Landstraße. Bald hinter dem Eingang zur S-Bahnstation Lokalbahnhof kreuzt die Offenbacher Landstraße. Von ihr steigt der Hainer Weg bergan. Nach wenigen Metern halten Sie sich links und folgen nun dem Hühnerweg bis hinauf zur Nr. 74.**

Inmitten eines gepflegten Rokokogärtchens, wo Bänke zum Verweilen einladen, versteckt sich das rekonstruierte ❼ INSIDER TIPP **Willemer Häuschen** *(Ostern–Mitte Okt. So 11–16 Uhr | Eintritt frei)*. Der schindelgedeckte Türmchenbau stand einst inmitten von Weinbergen und gehörte dem Bankier Johann Jakob Willemer, dessen junge Schauspielergattin Marianne es auch Goethe angetan

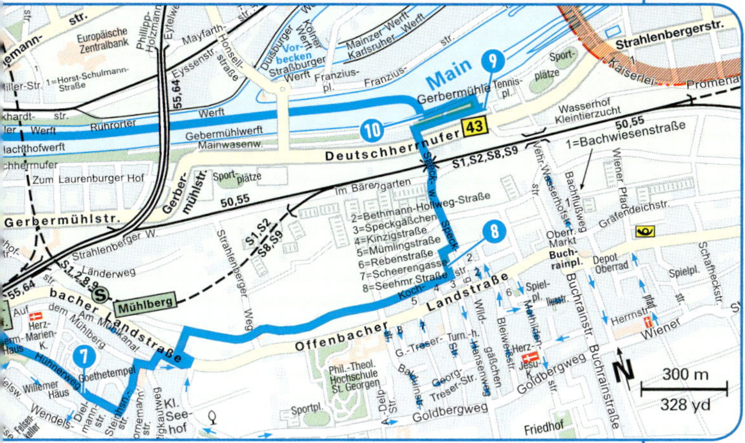

hatte und die Vorbild für die Suleika in seinem Spätwerk, dem „West-östlichen Diwan", war.

15:00 **Spazieren Sie auf dem Hühnerweg noch ein wenig weiter und biegen Sie dann nach links in die Steinhausenstraße ab, danach in die Bornemannstraße. Halten Sie sich nun rechts, dann gleich wieder links. Über den Lettigkautweg gelangen Sie hinab zur Offenbacher Landstraße, die Sie überqueren, um nach wenigen Schritten rechts den Fußweg durch die Oberräder Gärten zu nehmen. Der Weg mündet in die Kochstraße – und dort, an der Ecke zum Speckweg,** steht am Rande der Kräuterfelder das **8 Grüne-Soße-Denkmal** *(short.travel/ffm5)*: sieben Gewächshäuser, jedes in einem anderen Grün, die die sieben Kräuter als essenzielle Bestandteile des Frankfurter Nationalgerichts symbolisieren – Schnittlauch, Borretsch, Pimpinelle, Kerbel, Sauerampfer, Petersilie und Kresse. Die Grüne Soße zählte zu Goethes Leibgerichten, und angeblich soll er sich die Tunke auch von seiner Mutter nach Weimar schicken haben lassen. **Wenden Sie sich nun nach links in den Speckweg, und queren Sie an der Ampel das Deutschherrnufer bis hinab zum Mainwasenweg.** Rechts lugt dann schon die **9 Gerbermühle** *(tgl. | Gerbermühlstr. 105 | Tel. 069 68 97 77 90 | www.gerbermuehle.de | €€)* durch die Bäume. Dies war der Sommersitz der Willemers, in dem Goethe u. a. 1815 Quartier nahm und seine „allerschönste Zeit" verbrachte. Heute ist hier ein Hotel mit Restaurant und Biergarten untergebracht, wo Sie sich noch

8 Grüne-Soße-Denkmal

9 Gerbermühle

Goethe hätte kein Vorhängeschloss am Eisernen Steg benötigt, um Gefühle auszudrücken

mal stärken können, bevor Sie sich auf den Weg zurück in die City machen.

⑩ Anleger Gerbermühle

⑪ Eiserner Steg

16:30 Vom ⑩ **Anleger Gerbermühle** bringt Sie das Schiff der Primus-Linie → S. 113 nach einem kurzen Ausflug mainaufwärts zur Offenbacher Schleuse zurück zum ⑪ **Eisernen Steg**.

4 (INDUSTRIE-)KULTUR UND NEUES BAUEN

START: ❶ **Hauptbahnhof**
ZIEL: ❶ **Hauptbahnhof**

Strecke:
11 km

½ Tag
reine Fahrzeit
1¾ Stunden

KOSTEN: Leihrad 2 Euro/Stunde, Theaterkarte 18–22 Euro
MITNEHMEN: Sonnenschutz, Regenjacke

ACHTUNG: Leihrad → S. 110
❻ **Europäische Zentralbank:** Besuch nur nach vorheriger Anmeldung unter *visitor.centre@ecb.europa.eu*
⑩ **Theater Willy Praml:** Spielplan und Kartenvorbestellung unter *www.theater-willypraml.de*
⑪ **Lokal:** Nur an Veranstaltungstagen *(www.mousonturm.de)* ab 1 Stunde vor Vorstellungsbeginn geöffnet

Architekturgeschichte als Erlebnis: Von den historischen Häfen und Fabrikhallen, die heute dem Wohnen, der Kultur oder dem Genuss dienen, bis zu den prägnanten Hochhausbauten unserer Zeit sind es oft nur wenige Schritte.

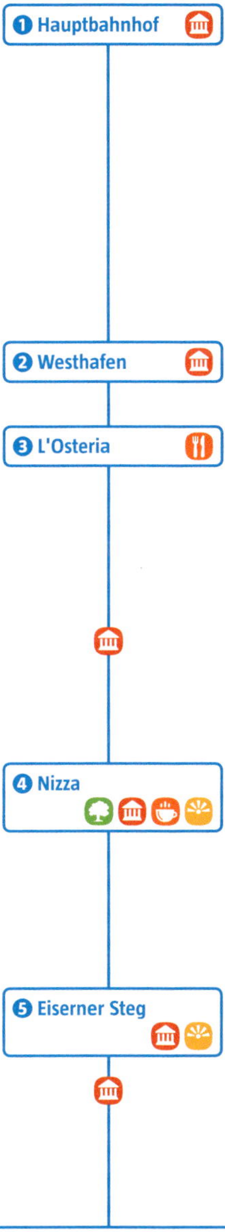

12:30 Die Tour beginnt am **1 Hauptbahnhof**. Der Berliner Architekt Johann Wilhelm Schwedler plante die für die damalige Zeit neuartige Eisenkonstruktion mit bis zu 28 m hohen Tonnengewölben. Bevor Sie sich ein Rad nehmen, schauen Sie noch hinauf zur von den Symbolen für Dampf und Elektrizität flankierten Atlas-Figurengruppe des Schweizer Bildhauers und Städel-Absolventen Gustav Herold auf dem Bahnhofsdach. **Nun folgen Sie der Baseler Straße in Richtung Süden bis kurz vor die Friedensbrücke. Dort biegen Sie rechts ab in die Speicherstraße und dann über die Bahngleise gleich wieder nach links.** Drei, vier Pedalumdrehungen weiter erreichen Sie das Becken des **2 Westhafens** mit einigen alten Backsteinlagerhäusern und vielen neuen Wohn- und Bürogebäuden, z. B. dem Westhafentower → S. 47. An dessen Saum lädt die familiäre, lichtdurchflutete **3 L'Osteria** *(tgl. | Tel. 060 24 24 70 20 | short.travel/ffm6 | €€)* mit typisch italienischem Flair. Stärken Sie sich an einem der Terrassentische mit einer Riesenpizza oder frischer Pasta.

Nach Dolci und Espresso geht es dann **längs des Bachforellenwegs nach Westen bis zum** 1899 erbauten, inzwischen als Restaurant fungierenden **Druckwasserwerk. Nun halten Sie sich Richtung Osten, biegen rechter Hand ab auf den Steg über das Hafenbecken und wenden sich wieder ostwärts. An der Mainuferpromenade radeln Sie immer geradeaus. Unter dem Holbeinsteg → S. 48 hindurch** gelangen Sie ins mediterran-grüne **4 Nizza → S. 48**. Der moderne weiße Kubus neben dem Uferpark birgt das Restaurant **Main-Nizza → S. 49**. Wer noch einen Kaffee braucht oder ein kaltes Getränk, legt hier eine Pause im Garten oder auf dem Balkon ein. Dabei lohnt der Blick auf die andere Seite des Flusses, wo sich die Sammlungshäuser des Museumsufers → S. 27 aneinanderreihen.

14:30 Am **5 Eisernen Steg → S. 32** sollten Sie erneut aus dem Sattel steigen und einen Blick nach links auf die Fassade des Saalhofs → S. 40, der ehemaligen Zollstelle mit dem mittelalterlichen Rententurm, und auf den Neubau des Historischen Museums → S. 34 werfen, dessen Ausstellung zur Stadtgeschichte Sie sich ein andermal in Ruhe ansehen. **Unter der Alten Brücke hindurch radeln**

6 Europäische Zentralbank

7 Oosten – Realwirtschaft am Main

8 Kunstverein Familie Montez

Sie weiter am Flussufer gen Osten. Hinter der Flößerbrücke sehen Sie schon zwei Flusskräne der ehemaligen **Weseler Werft**, und in Ihrem Rücken befinden sich einige bauliche Beispiele für das „Neue Wohnen am Fluss": Anstelle von Lagerhallen und Schrottbergen sind am Ufer nun Wohnhäuser zu sehen. Zudem ragt hier der Neubau der **6 Europäischen Zentralbank** *(Sonnemannstr. 20 | short.travel/ffm7)* auf, in deren **Besucherzentrum** im Eingangsbereich Sie sich nun über die Geschichte und die Arbeit der Institution informieren. Das Gebäude wächst aus der Mitte der ehemaligen Großmarkthalle, 1928 von Martin Elsässer im Stil der Neuen Sachlichkeit errichtet. Sie war seinerzeit der höchste Bau der Stadt und mit 220 m Länge die größte freitragende Halle in moderner Schalenbauweise.

Folgen Sie nun dem Uferweg mainaufwärts bis zu dem Rasenareal unterhalb der EZB. Über eine flache Rampe geht es hinauf zum 7 Oosten – Realwirtschaft am Main → S. 18. Auf der Dachterrasse des Lokals genießen Sie zum Aperitif den Panoramablick auf die City und Sachsenhausen. Bevor Sie wieder aufs Rad steigen, lohnt sich noch ein kurzer Spaziergang **ostwärts – unter der historischen Deutschherrnbrücke (1913) hindurch, längs des neuen Hafenparks** **→ S. 18** **bis zur** denkmalgeschützten **Honsellbrücke**, in deren Brückenbogen nun der **8 Kunstverein Fami-**

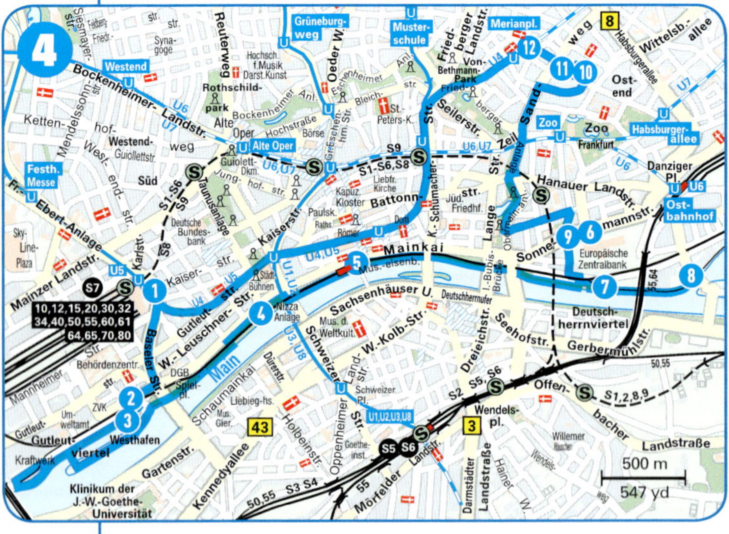

Eines der schönsten Plätzchen Frankfurts am Nachmittag: die Terrasse des Oosten

lie Montez **→ S. 18** sein Domizil gefunden hat. Werfen Sie unbedingt einen Blick in die Ausstellungsräume!

18:30 Hungrig? Dann rasch **zurück zum Rad und an der Westseite der EZB auf der Horst-Schulmann-Straße bis zur ⑨ Hesse-Wirtschaft** *(So geschl. | Rückertstr. 22 | Tel. 060 90 43 58 00 | www.hessewirtschaft.de | €–€€)*. Hier gibt es Typisches aus der Region und andere Deftigkeiten. **Gestärkt fahren Sie nun einige Meter nordwärts, biegen links in die Ostendstraße ein und folgen dieser bis zum Ende. An der Ampel geht es hinüber in die Obermainanlage; Sie halten sich rechts, queren die Straße Allerheiligentor und fahren in der Grünanlage weiter nach Norden bis zur Kreuzung Zeil/Friedberger Anlage/Sandweg. Letzterem folgen Sie bis zur Mousonstraße. Hier biegen Sie rechts ein, an der nächsten Ecke fahren Sie links in die Waldschmidtstraße.** Zwei eindrucksvolle Backsteinbauten des frühen 20. Jh. begrüßen Sie dort: die **Naxoshalle**, wo Sie sich den Genuss einer Vorstellung des experimentellen **⑩ Theaters Willy Praml** **→ S. 80** gönnen sollten, und das **Künstlerhaus Mousonturm** **→ S. 80**, ebenfalls mit einem Bühnenangebot. Nach der Vorstellung können Sie dort im gemütlichen ⑪ **INSIDER TIPP** **Lokal** noch einen Schlummertrunk nehmen. Von hier sind es nur 300 m zum **⑫ Merianplatz**, wo Sie das Rad abstellen und **in die U 4 steigen,** die Sie zum **① Hauptbahnhof** zurückbringt.

⑨ Hesse-Wirtschaft

⑩ Theater Willy Praml

⑪ Lokal

⑫ Merianplatz

① Hauptbahnhof

MIT KINDERN UNTERWEGS

INSIDER TIPP **ABENTEUER & SPASS**
Open-Air-Action am Mainufer oder vor der Alten Oper, Geisterlichter-Basteln oder Suppenkochen auf dem Spielplatz – der *Verein Abenteuerspielplatz Riederwald* bietet ganzjährig eine große Palette von Betätigungsmöglichkeiten für Kids. *Programm unter abenteuerspielplatz.de.*

EXPLORA (120 C2) *(🗺 O2)*
Die Welt der dritten Dimension und optischen Täuschungen fasziniert Groß und Klein (etwa ab 8 J.). *Tgl. 11–18 Uhr | Glauburgplatz 1 | Erw. 16 Euro, Kinder 12–17 J. 12 Euro, 7–11 J. 8 Euro, online günstiger! | www.exploramuseum.de | U 5 Glauburgstraße | Straßenbahn 12 Rohrbachstraße/ Friedberger Landstraße*

KINDERMUSEUM (117 E4) *(🗺 N4)*
In zehn Kreativwerkstätten, einer historischen Drogerie und einem Forscherlabor gibt's viel zu entdecken. *Di–So 10–18 Uhr (in den Ferien auch Mo) | Fahrtor 2 | Zwischenebene | Erw. 4 Euro, Kinder 2 Euro | Tel. 069 21235154 | kindermuseum.frankfurt.de | U 4/5 Römer*

KUNST FÜR KIDS
Mit der *Minischirn (Eintritt frei für Kinder von Ausstellungsbesuchern)* besitzt die *Schirn Kunsthalle* (s. S. 40) einen einzigartigen Spiel- und Lernparcours für Kinder ab 3 Jahren bis ins Grundschulalter. Das *Städel-Museum* (s. S. 45) *(Erw. 14 Euro, Kinder unter 12 J. frei, Familien 24 Euro)* lädt regelmäßig zur Märchenreise, Abenteuersuche mit Handpuppen oder aktiven Kinderstunde XS (ab 4 J.) und jeden 3. So im Monat um 15 Uhr zur Familienführung. Das *Liebieghaus – Museum Alter Plastik* (s. S. 44) *(Erw. 10 Euro, Kinder unter 12 J. frei, Familien 18 Euro)* bietet u. a. jeden 4. So im Monat (11–12 Uhr) eine Kinderführung sowie ein ausstellungsbezogenes offenes Atelier (15–17 Uhr). Jeden 1. So im Monat (12–13 Uhr) gibt es eine Familienführung.

NATURMUSEUM SENCKENBERG
(119 E3–4) *(🗺 L3)*
Taschenlampenführung, Schatzsuche oder Spielen und Malen zu verschiedenen Themen: Das größte Naturmuseum Deutschlands vermittelt vier Milliarden Jahre Erd- und Entwicklungsgeschichte Kindern ab 4 Jahren auf spannende Weise. *Mo/Di, Do/Fr 9–17, Mi 9–20, Sa/So 9–18 Uhr | Senckenberganlage 25 | Erw. 8 Euro, bis 16 J. 4 Euro | www.senckenberg.de | U 4/6/7 Bockenheimer Warte | Bus 32/50 Senckenbergmuseum*

Spiel und Spaß, Lernen und Staunen – Kinder können in Frankfurt eine Menge erleben, drinnen wie draußen

PAPAGENO MUSIKTHEATER
(119 E3) *(🕮 L2)*

Klassikmelodien für die Kleinen? Das Papageno-Ensemble, das auch Stücke wie „Jim Knopf" und „Urmel aus dem Eis" auf dem Spielplan hat, zieht mit der „Zauberflöte" oder dem „Nussknacker" auch die jüngsten Zuschauer in seinen Bann. *Termine auf der Website, ab 5 J. | Palmengarten | Eingänge Zeppelinallee und Palmengartenstraße | Erw. 13–16 Euro, Kinder 10–13 Euro | Tel. 069 515038 | kinderprogramm.papageno-theater.de | U 4/6/7 Bockenheimer Warte*

STADTTOUREN FÜR KINDER
Kinderspiele im alten Frankfurt ist nur eines der Themen bei den Kindertouren der *Kulturothek*. Die Kleinen erleben die Spielwelt des Mittelalters, des Barock und des 19. Jhs. in der Altstadt. In der Adventszeit geht es dann z. B. um Weihnachtsbräuche und -leckereien – eine Führung auch für Erwachsene *(ca. 1,5 Std. | Erw. 8 Euro, Kinder 6 Euro | Termine und Treffpunkte unter www.kulturothek-frankfurt.de)*. Eine Stadtrallye für Klein und Groß *(ca. 2,5 Std. | 12 Euro)* kann man an einigen Wochenenden bei den *Frankfurter Stadtevents* (s. S. 113) buchen.

STRUWWELPETER-MUSEUM
(119 E3) *(🕮 M3)*

Einmal selbst Struwwelpeter sein? Hier kann sich jeder als seine Lieblingsfigur aus den Geschichten des Frankfurter Arztes Heinrich Hoffmann verkleiden. *Di–So 10–17 Uhr | Schubertstr. 20 | Erw. 4 Euro, Kinder 7–13 J. 1 Euro | www.struwwelpeter-museum.de | U 6/7 Westend | Bus 32 Senckenbergmuseum*

THEATERHAUS (117 F4) *(🕮 O4)*
Mit eigenen Stücken oder Gastspielen von Ensembles wie dem Theater Grüne Sosse führt das Theaterhaus Kids ab 2 Jahren an die Kunstform Schauspiel heran. *Schützenstr. 12 | Erw. 10 Euro, Kinder 7 Euro | www.theaterhaus-frankfurt.de | Straßenbahn 14 Heiliggeistkrankenhaus*

EVENTS, FESTE & MEHR

Mit den Festivitäten anlässlich der Königswahlen und Kaiserkrönungen fing alles an, inzwischen geht die Zahl der jährlichen Indoor- und Outdoor-Events in Frankfurt in die Hunderte.

FESTE & VERANSTALTUNGEN

MÄRZ/APRIL

Dippemess: Das größte Volksfest des Rhein-Main-Gebiets geht zurück auf einen mittelalterlichen Keramikmarkt. *www.dippemess.de*

Internationale Musikmesse: Nicht nur Instrumente und Noten, sondern Workshops und Konzerte. *www.musik.messefrankfurt.com*

Luminale: Lichtkulturfestival mit Installationen, Performances, Partys (parallel zur Messe Light+Building). *light-building.messefrankfurt.com*

Nacht der Museen: Big Party zwischen Dinos und Alten Meistern. Fast fünfzig Institutionen sind mit von der Partie; kostenloser Shuttlebus bis morgens um 4 Uhr. *www.nacht-der-museen.de*

MAI

Rund um den Finanzplatz Frankfurt-Eschborn: Radrennklassiker am 1. Mai (ursprünglicher Name „Rund um den Henninger Turm") mit Beteiligung der Weltelite und einem Jedermann-Parcours. *www.eschborn-frankfurt.de*

Wäldchestag: Traditionsreiche Kirmes ab Pfingstsamstag im Stadtwald. *Straßenbahn 21, Bus 51/61 Oberforsthaus*

JUNI/JULI

Opernplatzfest: Zehn Tage dauerndes kulinarisch bestimmtes Sehen-und-Gesehen-Werden mit Livemusik. *www.opernplatzfest.com*

Rosen- und Lichterfest: Sommernächtlicher Teelichter- und Feuerwerkszauber zwischen exotischen Pflanzen. *www.palmengarten.de*

Parade der Kulturen: Ausländische Vereine präsentieren ihre Rhythmen und Trachten auf einem Straßenumzug, einem Markt sowie auf mehreren Bühnen. *www.parade-der-kulturen.de*

INSIDER TIPP ***Stoffel:*** Ab Mitte Juli einen Monat lang abendliche Freiluftkonzerte im Günthersburgpark, veranstaltet vom Stalburg-Theater. Kinderprogramm am Nachmittag. *www.stalburg.de*

Höchster Schlossfest: Frankfurts größtes Stadtteilfest steht seit 1957 jedes Jahr unter einem anderen Motto. Fast vier Wochen lang Musik und Kleinkunst. *www.vereinsring-hoechst.de*

Vergnügen für alle Sinne: Das Feiern liegt den Frankfurtern im Blut – und Anlässe gibt es dafür unzählige

AUGUST

Museumsuferfest: Frankfurts gigantischste Fete. Musik, Theater, Straßenspektakel – alles, was Rang und Namen hat in der Kulturlandschaft, macht mit bei den drei turbulenten Tagen, die jeweils um Goethes Wiegenfest liegen. *www.museumsuferfest.de*

SEPTEMBER

INSIDER TIPP ***Berger Markt/Stadtschreiberfest:*** Uriges Zusammentreffen von Volksbelustigung und Literaturpreisvergabe anlässlich der Verabschiedung des alten und der Begrüßung des neuen Stadtteildichters. *www.berger-markt.de*

OKTOBER

Buchmesse: Für Bücherfreaks ein Muss. Und drumherum in ganz Frankfurt unzählige mehr oder minder literarische Events. *www.buchmesse.de*

Deutsches Jazzfestival Frankfurt: Findet seit 1953 statt – älter ist kein Jazzfestival weltweit in seiner Regelmäßigkeit. Jedes Jahr ein spezielles Thema. *jazzfestival.hr2-kultur.de*

NOVEMBER/DEZEMBER

INSIDER TIPP ***Nacht der Clubs:*** Einmal zahlen und abtanzen in mehr als einem Dutzend Locations. *www.nacht-der-clubs.de*

Weihnachtsmarkt am Römerberg, Paulsplatz und Mainkai. Mit Künstlermarkt im Rathaus. *U-/S-Bahnen Hauptwache*

FEIERTAGE

1. Jan.	Neujahr
März/April	Karfreitag/ Ostermontag
1. Mai	Tag der Arbeit
Mai/Juni	Christi Himmelfahrt, Pfingstmontag, Fronleichnam
3. Okt.	Tag der Deutschen Einheit
25./26. Dez.	Weihnachten

LINKS, BLOGS, APPS & CO.

LINKS & BLOGS

www.marcopolo.de/frankfurt Alles auf einen Blick zu Ihrem Reiseziel: interaktive Karten inklusive Planungsfunktion, Impressionen aus der Community, aktuelle News und Angebote ...

www.frankfurt.mobi Website der Stadt Frankfurt speziell für Smartphones, PDAs etc., die nicht nur über Sehenswürdigkeiten, sondern auch tagesaktuell über Veranstaltungen informiert

www.fein-am-main.de Fotos und Texte zum Alltag wie zu besonderen Momenten in den diversen Stadtvierteln

www.altfrankfurt.com Die Seite widmet sich der im Zweiten Weltkrieg zerstörten Frankfurter Altstadt, die einst Europas größtes mittelalterliches Stadtbild repräsentierte

frankfurter-blog.de Streetfood, Marathon, AFD, Flüchtlingshilfe, aber auch der Blick zurück in die 1980er – viele Themen in lockerer Schreibe von mehreren Autoren

www.stadtkindfrankfurt.de/blog Ob Urban Art, Fotografie, Konsum, Kunst, Musik oder Film – zu fast allen Themen gibt es Infos und kommentierende Texte

frankfurt-blog.de Von Tipps für Indoor-Spielplätze und günstiges Parken am Flughafen bis zum Hinweis auf den Info-Abend der Abbey-Road-Studios: (Wahl-)Frankfurter bloggen hier für ihre Stadtmitbewohner

www.facebook.com/mainfrankfurt Schnappschüsse, Hinweis auf neue Lokale, Kommentare zu aktuellen Frankfurt-TV-Dokus – alles, was den Einheimischen bewegt oder bewegen könnte

www.facebook.com/StadtFFM Die Mainmetropole meldet sich mit Eigenbeiträgen zu Wort, ob zum Thema Stiftung, Flüchtlinge oder sommerliches Frankfurt-Modell-Projekt

Egal, ob für Ihre Reisevorbereitung oder vor Ort: Diese Adressen bereichern Ihren Urlaub. Da manche sehr lang sind, führt Sie der short.travel-Code direkt auf die beschriebenen Websites. Falls bei der Eingabe der Codes eine Fehlermeldung erscheint, könnte das an Ihren Einstellungen zum anonymen Surfen liegen

short.travel/ffm4 Auf travelpod.com tauschen sich Traveller aus aller Welt über ihre Frankfurt-Reisen aus. Mit über 14 000 Einträgen von mehr als 3000 verschiedenen Reisen

de-de.facebook.com/Palmengarten Botanikfreunde kommen hier auf ihre Kosten und auf der Pinnwand auch zu Wort. Nebenher erfährt man von aktuellen Veranstaltungen und kann die schönsten Blüten im großen Fotoarchiv betrachten

VIDEOS

short.travel/ffm1 Lustiger und trotzdem informativer Clip eines Amerikaners, der eine sehr persönliche Sicht auf die Stadt bietet – mit Details wie dem alten Paternoster in der Uni und einem Weihnachtsmarktbesuch

short.travel/ffm2 In diesem Fünfminüter wird Frankfurt als moderne Metropole mit alten Wurzeln charakterisiert; etwas pixelig, aber für den ersten Eindruck hilfreich. In den Kommentaren vergleichen stolze Frankfurter ihre Stadt schon mal mit Washington DC

short.travel/ffm3 Zweiteiliges Video, in dem trendbewusste Fashion-Victims alles über die Shopping-Hotspots der Mainmetropole erfahren: vom Einkaufszentrum mit der längsten Rolltreppe Europas bis hin zu angesagten Designer-Shops dürfte für jeden etwas dabei sein

APPS

Apfelwein-App Nicht nur bei der Suche nach der nächsten Apfelwein-Wirtschaft in Frankfurt und Umgebung, auch bei allen erdenklichen Fragen rund ums „Stöffche" ist auf die kostenlose App Verlass

mainort Gratisapp eines lokalen Energielieferanten mit den täglich spannendsten News der Region, Events, E-Tankstellen, Carsharing u. v. m. Die Infos liefert u. a. eine Tageszeitung

RMV App Ganz entspannt und zielsicher bewegen Sie sich dank dieser App durch das Netz des Rhein-Main-Verkehrsverbunds, kaufen online Tickets und erstellen individuelle Fahrpläne. Der Service ist kostenlos, Sie müssen sich lediglich auf der RMV-Homepage registrieren

PRAKTISCHE HINWEISE

ANREISE

Frankfurts Stadtgebiet ist von der A 5 über die A 66 bzw. den mehrspurigen Alleenring zu erreichen und von der A3 über die Kennedyallee. Seit 2012 dürfen nur noch Fahrzeuge mit einer grünen Plakette in die Umweltzone, die sich über die gesamte City innerhalb des Autobahnrings erstreckt, fahren. Wer ohne Plakette oder gültige Ausnahmegenehmigung, die es z. B. für Menschen mit Behinderungen gibt, dort kontrolliert wird, muss mit 40 Euro Bußgeld und einem Punkt in Flensburg rechnen. *www.umweltzone.frankfurt.de*

Am Hauptbahnhof halten alle Personenzüge (Nah- und Fernverkehr). ICEs und Intercityzüge fahren stündlich von und in alle deutschen Großstädte.

Frankfurt ist auch an das Fernbusliniennetz angebunden und beispielsweise von München in ca. sechs, von Hamburg in ca. acht Stunden zu erreichen *(www.meinfernbus.de, deeu.megabus.com)*.

Linienverbindungen gibt es zu allen großen und mittleren Städten. Infos über das *Fraport-Infofon: Tel. 069 69 00* oder *Tel. 01805 3 72 46 36 (*) | www.frankfurt-airport.de*. Der Flughafen ist an das Bahn- und S-Bahnnetz angeschlossen. Die S-Bahnen in die City verkehren im 15-Minuten-Takt, die Fahrt dauert 15–20 Min. *(4,35 Euro)*. Mit dem Taxi braucht man 20–40 Min. *(mind. 30 Euro)*.

GRÜN & FAIR REISEN

Auf Reisen können auch Sie viel bewirken. Behalten Sie nicht nur die CO_2-Bilanz für Hin- und Rückreise im Hinterkopf *(www.atmosfair.de; de.myclimate.org)* – etwa indem Sie Ihre Route umweltgerecht planen *(www.routerank.com)* – , sondern achten Sie auch Natur und Kultur im Reiseland *(www.gate-tourismus.de; www.ecotrans.de)*. Gerade als Tourist ist es wichtig, auf Aspekte wie Naturschutz *(www.nabu.de; www.wwf.de)*, regionale Produkte, wenig Autofahren, Wassersparen und vieles mehr zu achten. Wenn Sie mehr über ökologischen Tourismus erfahren wollen: europaweit *www.oete.de*; weltweit *www.germanwatch.org*

AUSKUNFT

TOURIST-INFORMATION HAUPTBAHNHOF EINGANGSHALLE
Mo–Fr 8–21, Sa/So 9–18 Uhr | Tel. 069 21 23 88 00 | www.frankfurt-tourismus.de

TOURIST-INFORMATION RÖMER
Mo–Fr 9.30–17.30, Sa/So 10–16 Uhr | Auf dem Römerberg | Tel. 069 21 23 88 00

FAHRRADVERLEIH

Leihbikes der Deutschen Bahn stehen an größeren Straßenkreuzungen. Zu mieten sind sie per Telefonanruf *(Nummer auf dem Fahrradschloss)* nach vorheriger Registrierung: *Call a bike (1 Euro/30 Min., max. 15 Euro/Tag | Tel. 069 42 72 77 22 | www.callabike.de)*. Gezahlt wird per Kreditkarte oder Lastschrift. Alternativ: *Next-*

bike (2 Euro/Std. | Tel. 030 69 20 50 46 | www.nextbike.de).

INTERNET

Seit Mitte 2015 bieten nicht nur einige Cafés und Restaurants kostenfreies WLAN an, sondern es gibt auch öffentliche Zugangszonen u. a. in der Braubachstraße, Goethestraße und Berliner Straße, am Ostbahnhof, in der Schweizer Straße sowie in der Berger Straße (z. B. am Merianplatz). Nach der Anmeldung in einem der rund zwei Dutzend Hotspots (SSID) „Unitymedia Public WifiSpot" (Reichweite ca. 100 m) erhält man per SMS Zugangscodes, die bis zu zwei Jahre lang gültig sein sollen. Das Tageslimit liegt bei 100 MB.

KARTENVORVERKAUF

Bei der Ticket- und Info-Hotline Frankfurt Ticket erhalten Sie Karten für Theater, Oper, Ballett, Konzerthaus, Alte Oper: *Tel. 069 134 04 00*. Oper und Schauspiel haben zudem einen eigenen telefonischen Vorverkauf: *Tel. 069 21 24 94 94*

LOKALZEITUNGEN & -MAGAZINE

Journal Frankfurt – 14-tägig erscheinendes Magazin mit diversen Rubriken, Veranstaltungskalender sowie TV-Programm. *www.journal-frankfurt.de*
Frankfurter Neue Presse – Frankfurter Tageszeitungen mit dem weitgefächertsten Lokalteil. *www.fnp.de*
Frizz – Kleines Stadtmagazin für Musik, Film und Kultur. *www.frizz-frankfurt.de*
FAZ – Die täglich erscheinende „Frankfurter Allgemeine" hat einen eigenen politisch-kulturell und sportlich orientierten Lokalteil; sie erscheint unter der Woche auch als Netzausgabe. *www.faz.net*
FR – Mit ihren Stadtteilseiten geht die „Frankfurter Rundschau" ins Detail, aber nur in der Printausgabe. *www.fr-online.de*

WAS KOSTET WIE VIEL?

Kaffee	**ab 1,80 Euro** *für eine Tasse*
Schwimmbad	**ab 4,50 Euro** *für einen Besuch*
Apfelwein	**ab 1,60 Euro** *für ein Glas*
Theater	**ab ca. 14 Euro** *für eine Eintrittskarte*
Handkäs'	**ab 2,70 Euro** *für eine Portion*
Fahrkarte	**ab 2,75 Euro** *für eine Fahrt mit öffentlichen Verkehrsmitteln*

Prinz – Reportagen, Kritiken, Ankündigungen. Erscheint monatlich. *www.frankfurt.prinz.de*
Strandgut – monatliches Kulturmagazin für das Rhein-Main-Gebiet mit Kritiken, Vorschauen, Terminen. *www.strandgut.de*

NOTFALL

Feuerwehr/Notarzt: Tel. 112; Polizei: Tel. 110; Ärztlicher Notfalldienst: Tel. 192 92; Zahnärztlicher Notdienst: Tel. 01805 99 63 63 (*)

ÖFFENTLICHE VERKEHRSMITTEL

In S-, U- sowie in Straßenbahnen und Bussen gilt dieselbe Fahrkarte. Preisgünstig ist eine *Tageskarte (6,80 Euro, beliebig viele Fahrten bis Betriebsschluss)*. Mit der *Gruppentageskarte (10,50 Euro)* können bis zu fünf Personen gemeinsam beliebig viele Fahrten unternehmen. Zehn *Nachtbuslinien* fahren Fr/Sa zwischen 1.30 und 3.30 Uhr halbstündlich ab Konstablerwache in alle Stadtteile, in die Außenbereiche stündlich. Beim Busfahrer kann ein Taxi für den restlichen Heimweg bestellt werden *(www.nachtbus-frankfurt.de)*.

STADTRUNDFAHRTEN & RUNDGÄNGE

RUNDFAHRTEN

Täglich werden von unterschiedlichen Veranstaltern Bustouren durch Frankfurt angeboten, darunter auch Hop-on-Hop-off-Fahrten im (offenen) Doppeldecker. Tickets gibt es über die Tourist-Informationen am Römerberg und im Hauptbahnhof oder direkt im Bus, online sind sie oft billiger. Die Touren dauern ca. 1–2 Std.; es gibt Informationen in zehn Sprachen. Anbieter sind u. a. *Yellow Cab (Abfahrt Berliner Straße vor der Paulskirche | ab 13 Euro | www.stadtrundfahrten-frankfurt.de)* und *ETS Greenline Tours (Abfahrt vorm City-Office | Wiesenhüttenplatz 39 | 28,50 Euro (2,5 Std.) | www.ets-frankfurt.de)*. Karten für *Flughafen-Rundfahrten (Mo–Fr 13, 14, 15, 16, Sa/So 11 u. 12 Uhr | 7 Euro | Tel. 069 69 07 02 91 | www.rundfahrten.frankfurt-airport.de)* gibt es am Rundfahrtenschalter in der *Airport City Mall* im Terminal 1, Ebene 0, die Minitour dauert 45 Min.

EBBELWEI-EXPRESS

Eine Straßenbahnfahrt der besonderen Art bietet der Ebbelwei-Express; zu- oder aussteigen an allen Haltestellen mög-

WETTER IN FRANKFURT

	Jan.	Feb.	März	April	Mai	Juni	Juli	Aug.	Sept.	Okt.	Nov.	Dez.
Tagestemperaturen in °C	3	5	11	16	20	23	25	24	21	14	8	4
Nachttemperaturen in °C	-2	-1	2	6	9	13	15	14	11	7	3	0
Sonnenschein Stunden/Tag	2	3	5	6	8	7	7	6	5	3	2	1
Niederschlag Tage/Monat	11	9	8	9	9	10	10	11	9	9	10	10

Sonnenschein Stunden/Tag · Niederschlag Tage/Monat

lich. Fahrkarten gibt's beim Schaffner. *Sa/So | 1 Std. 8 Euro | www.ebbelwei-express.com*

RUNDGÄNGE

Die *Kulturothek (An der Kleinmarkthalle 7 | 8–17 Euro | Tel. 069 28 10 10 | www.kulturothek-frankfurt.de)* veranstaltet regelmäßig am Wochenende (Sa/So), aber auch wochentags besondere Stadtbegehungen – teilweise sogar als Kostümführung. Die Rundgänge dauern 1,5–2 Std., die Themenpalette ist breit gefächert. Zu Spaziergängen unter Mottos wie „er-lesene Orte", „Zu Gast" oder „Park-Plätze" laden die Mitarbeiter von *Kunstkontakt (ab 10 Euro | Tel. 06171 79 57 8 | www.kunstkontakt-frankfurt.de)* ein, und auch bei den *Frankfurter Stadtevents (Ludwigstr. 33–37 | 13–25 Euro | Tel. 069 9 74 60-327 | www.frankfurter-stadtevents.de)* kann man unter einer Vielzahl von Rundgängen wählen. Mit den Gästeführern des *Frankfurt Tourismus (Treffpunkt, Info und Tickets: Tourist Information Römer | 2 Std. 14 Euro)* lässt sich die Stadt ebenfalls entdecken; auch eine 10-km-Wanderung durch die Wallanlagen *(So ab 10.30 Uhr, einmal im Monat | 22 Euro inkl. Restauranteinkehr)* wird angeboten. Um bei den Themenspaziergängen der *Gesellschaft für Frankfurter Geschichte e.V. (Münzgasse 9 | 1,5–2 Std. 5–10 Euro | Tel. 069 28 78 60 | www.geschichte-frankfurt.de)* z. B. zur Kunst in der Natur, auf dem Hauptfriedhof oder zum Südbahnhof teilnehmen zu können, muss man zwar nicht Mitglied sein, aber sich vorher angemeldet haben.

SCHIFFE UND BOOTE

Am Eisernen Steg legen vom stadtseitigen Mainufer Ausflugsschiffe der ● *Primus-Linie Frankfurter Personenschiffahrt (8,95–11,95 Euro | Tel. 069 133 83 70 | www.primus-linie.de)* zu Kurztrips ab.

INSIDER TIPP **SIGHTJOGGING**

In flottem Lauf zeigt Tim Gondorf auf vier Strecken (7–10 km) Frankfurts Sehenswürdigkeiten. *Einzelperson 60 Euro, Gruppen (ab 3 Pers.) 20 Euro/Pers. | Tel. 0170 9 64 33 69 | www.sightjogging-ffm.de*

AUF ZWEI RÄDERN

Die Frankfurter Sektion des *ADFC (Allgemeinen Deutschen Fahrradclubs) (5 Euro | Tel. 069 94 41 01 96 | www.adfc-frankfurt.de)* lädt regelmäßig zu leichten Feierabend- und Event-Touren in und um Frankfurt. Ganz ohne Muskelkraft kommen Sie auf dem Segway voran: geführte Touren auf dem motorisierten Stehroller mit *Zaksway (Sandweg 46 | ca. 2 Std. inkl. Einweisung 79 Euro | Tel. 069 90 43 41 67 | zaksway.de)*.

TAXI

Frankfurts Taxiruf: *Tel. 069 23 00 01* und *Tel. 069 25 00 01*; *Taxi 33: Tel. 069 23 00 33*; *Main-Taxi: Tel. 069 73 30 30*; ● *Velo-Taxi (April–Okt. | Tel. 069 71 58 88 55 | Mo–Fr auch Tel. oder unterwegs anhalten | www.frankfurt.velotaxi.de | max. 2 Pers. pro Taxi, pro angefangenem Kilometer 4 Euro; Zeitpreise: 40 Min. 24 Euro, 60 Min. 38 Euro, 120 Min. 68 Euro; Vorbestellung 2,50 Euro)*

VERGÜNSTIGUNGEN

Mit der *Frankfurt Card (1 Tag 10,50 Euro, 2 Tage 15,50 Euro, Gruppe mit max. 5 Pers.: 1 Tag 20,50 Euro, 2 Tage 30,50 Euro)* gibt es nicht nur freie Fahrt im städtischen Nahverkehr, sondern auch Preisnachlässe in Museen, Theatern, bei Stadt- und Schiffsrundfahrten, beim Besuch im Palmengarten, im Zoo und Flughafen sowie in einigen Restaurants, Cafés und Geschäften.

SKYLINE PLAZA
SHOPPING
WEIL WIR JEDEN TAG NEUES ENTDECKEN.
ALLE TRENDS IN 170 SHOPS.
1. STUNDE KOSTENFREI PARKEN
U FESTHALLE/MESSE
NAVI: EUROPA-ALLEE 6, 60327 FRANKFURT
SKYLINE
PLAZA
SHOPPING

CITYATLAS

Unterwegs in Frankfurt

Die Seiteneinteilung für den Cityatlas finden Sie auf dem hinteren Umschlag dieses Reiseführers

Verlauf der Erlebnistour „Perfekt im Überblick"
Verlauf der Erlebnistouren

Der Gesamtverlauf aller Touren ist auch in der herausnehmbaren Faltkarte eingetragen

Bild: Blick vom Eisernen Steg aufs Bankenviertel

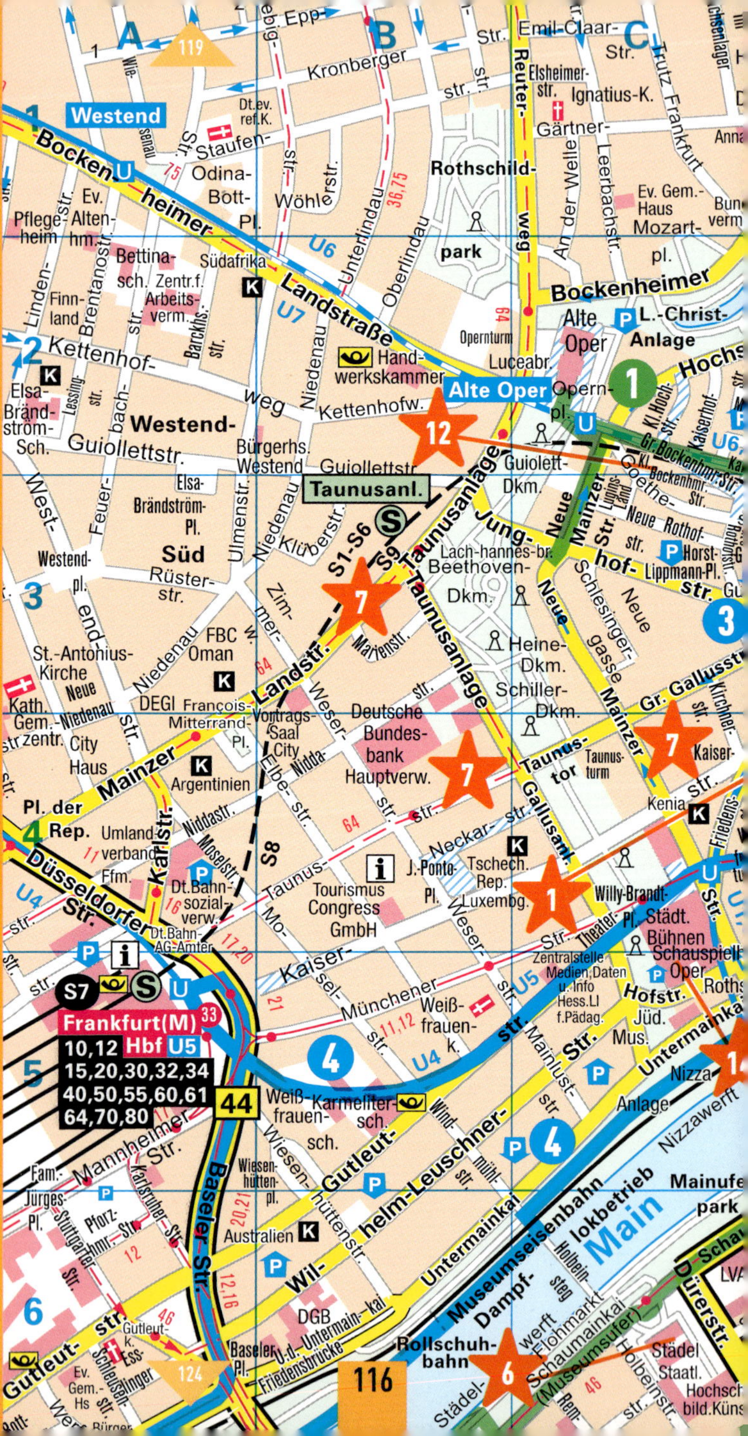

A
B
C
119
Westend
Bockenheimer Landstraße
Kronberger Str.
Emil-Claar-Str.
Reuterweg
Rothschildpark
Oberlindau
Unterlindau
Staufenstr.
Odina-Bott-Pl.
Wöhlerstr.
Ev. Altenhm.
Pflegeheim
Bettina-sch.
Zentr.f. Arbeitsverm.
Südafrika
Finnland
Lindenstr.
Brentanostr.
Kettenhofweg
Handwerkskammer
Alte Oper
Opernturm
Bockenheimer L.-Christ-Anlage
Hochstr.
Opernpl.
Elsa-Brändström-Sch.
Guiollettstr.
Westend-Süd
Bürgerhs. Westend
Taunusanl.
Taunusanlage
Jung-hof-str.
Neue Mainzer Str.
Gr. Bockenheimer Str.
Goethestr.
Neue Rothofstr.
Horst-Lippmann-Pl.
Beethoven-Dkm.
Heine-Dkm.
Schiller-Dkm.
Schlesingergasse
Gr. Gallusstr.
Kaiserstr.
Taunustor
Taunusturm
Westend-pl.
St.-Antonius-Kirche
Kath. Gem.-zentr.
Neue Niedenau
City Haus
FBC Oman
DEGI
François-Mitterrand-Pl.
Mainzer Landstr.
Vortrags-Saal City
Deutsche Bundesbank Hauptverw.
Niddastr.
Weserstr.
Elbestr.
Argentinien
Pl. der Rep.
Umlandverband Ffm.
Düsseldorfer Str.
Karlstr.
Dt.Bahn-sozialverw.
Dt.Bahn-AG-Ämter
Moselstr.
Taunusstr.
Tourismus Congress GmbH
J.-Ponto-Pl.
Tschech. Rep.
Luxembg.
Willy-Brandt-Pl.
Städt. Bühnen Schauspiel Oper
Neckarstr.
Gallusanl.
Kenia
Theaterstr.
Zentralstelle Medien; Daten u. Info Hess.LI f.Pädag.
Hofstr.
Jüd. Mus.
Untermainkai
Nizza Anlage
Nizzawerft
Münchener Str.
Weißfrauenk.
Kaiserstr.
Frankfurt(M) Hbf
10,12
15,20,30,32,34
40,50,55,60,61
64,70,80
44
Weiß-frauen-sch.
Karmeliter-sch.
Gutleutstr.
Windmühlstr.
Mainluststr.
Mannheimer Str.
Fam.-Jürges-Pl.
Pforzhmr. Str.
Karlsruher Str.
Stuttgarter Str.
Baseler Str.
Wiesenhüttenpl.
Wiesenhüttenstr.
Australien
Wilhelm-Leuschner-Str.
Untermainkai
Museumseisenbahn
Dampflokbetrieb
Main
Mainufer park
Holbeinsteg
DGB
Untermain-kai
Baseler Pl.
Friedensbrücke
Rollschuhbahn
Flohmarkt
Schaumainkai (Museumsufer)
Städel Staatl. Hochsch. bild.Künste
Dürerstr.
Holbeinstr.
Gutleut-k.
Essl.-Schleusenstr.
Ev. Gem.-Hs
124

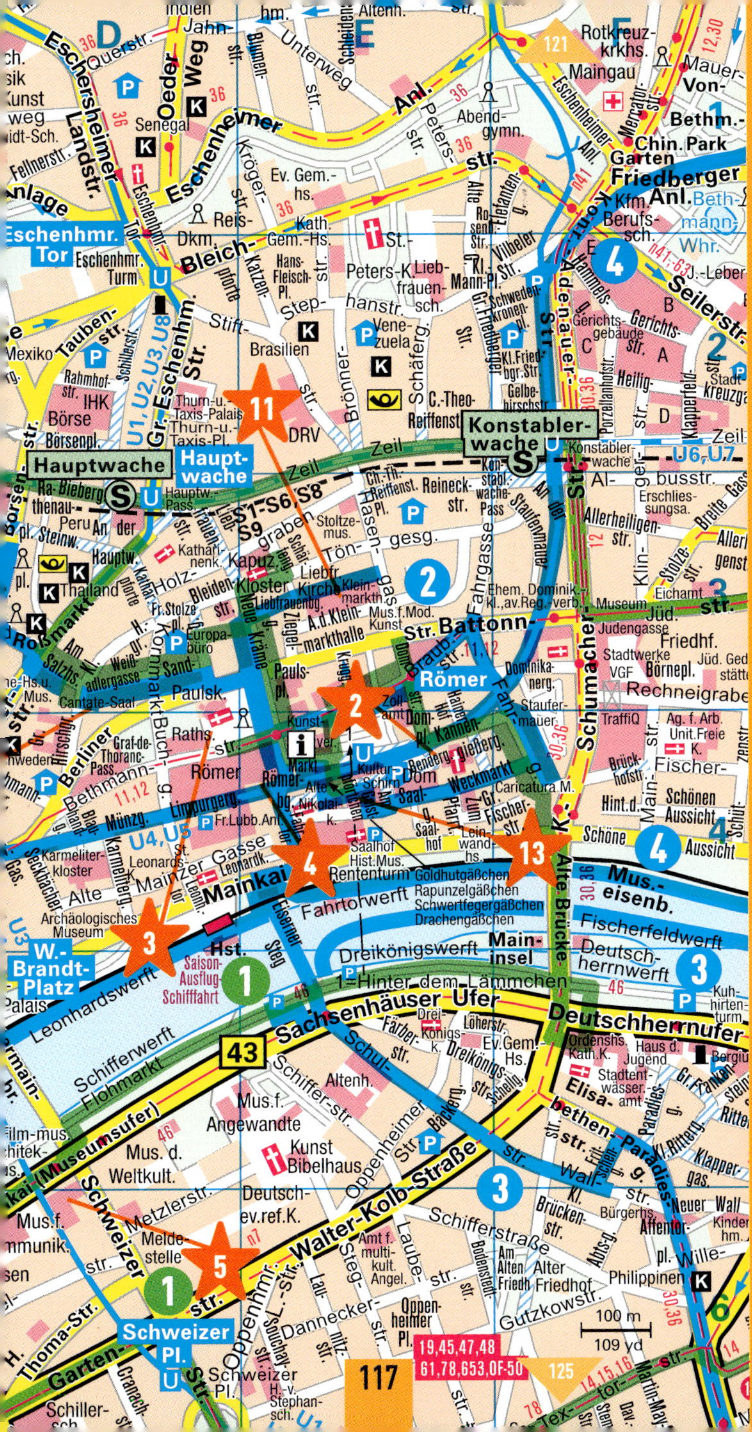

D
E
F
121
125
Querstr.
Jahn-str.
Unterweg
Eschersheimer Landstr.
Oeder Weg
Senegal
Eschenheimer Anl.
Abend-gymn.
Rotkreuz-krkhs.
Maingau
Mauer-
Bethm.-
Chin. Park Garten
Friedberger Anl.
Berufs-sch.
Bethmann-Whr.
Seilerstr.
Eschenhmr. Tor
Eschenhmr. Turm
Bleich-str.
Ev. Gem.-hs.
Kath. Gem.-Hs.
Reis-Dkm.
St.-Peters-K.
Liebfrauen-sch.
Stiftstr.
Brasilien
Venezuela
Schäferg.
C.-Theo-Reiffenstr.
Gerichtsgebäude
Gerichtsstr.
Heiligkreuzg.
Konstablerwache
Zeil
Taubenstr.
Mexiko
Rahmhof-str.
IHK
Börse
Börsenpl.
Thurn-u.-Taxis-Palais
Thurn-u.-Taxis-Pl.
DRV
Hauptwache
U1, U2, U3, U8
S1-S6, S8, S9
U6, U7
Gr. Eschenheimer Str.
Peru
An der Hauptw.
Stoltze-mus.
Reineckstr.
Tönges.
Hasengasse
Fahrgasse
Allerheiligenstr.
Kathari-nenk.
Liebfrauenberg
Kapuz.-Kloster
Liebfr. Kirche
Kleinmarkth.
Thailand
Roßmarkt
Kornmarkt
Buchg.
Neue Kräme
Europa-büro
A.d.Kleinmarkthalle
Mus.f.Mod. Kunst
Battonnstr.
Ehem. Dominik.-Kl., av.Reg.-verb.
Museum Jüd.
Judengasse
Friedhf.
Stadtwerke VGF
Börnepl.
Rechneigrabe
Weißadlergasse
Sandg.
Paulsk.
Paulspl.
Cantate-Saal
Berliner Str.
Römer
Braubachstr.
Dominikanerg.
Staufermauer
TraffiQ
Ag. f. Arb.
Kunstver.
Markt
Kultur Schirn
Dom
Kannengießerg.
Weckmarkt
Raths.
Fischerfeldstr.
Bethmannstr.
Münzg.
Fr.Lubb.Anl.
Alte Nikolai-k.
Saalhof Hist.Mus.
Caricatura M.
Leinwandhs.
Schöne Aussicht
U4, U5
Karmeliter-kloster
Leonardsk.
Mainzer Gasse
Alte Mainzer
Mainkai
Rententurm
Goldhutgäßchen
Rapunzelgäßchen
Schwertfegergäßchen
Drachengäßchen
Fahrtorwerft
Mus.-eisenb.
Fischerfeldwerft
Archäologisches Museum
W.-Brandt-Platz
Hst.
Saison-Ausflug-Schifffahrt
Dreikönigswerft
Maininsel
Deutschherrnwerft
Alte Brücke
Eiserner Steg
Leonhardswerft
1=Hinter dem Lämmchen
Sachsenhäuser Ufer
Deutschherrnufer
Kuhhirtenturm
Schifferwerft
Flohmarkt
43
46
Drei-Königs-K.
Ev.Gem.-Hs.
Ordenshs. Kath.K.
Haus d. Jugend
Stadtentwässer.-amt
Elisabethenstr.
Paradiesg.
Schifferstr.
Altenh.
Mus.f. Angewandte Kunst
Kunst Bibelhaus
Schulstr.
Wallstr.
Mus. d. Weltkult.
Museumsufer
Schweizer Str.
Walter-Kolb-Straße
Metzlerstr.
Deutsch-ev.ref.K.
Meldestelle
Amt f. multikult. Angel.
Brückenstr.
Bürgerhs.
Affentor
Neuer Wall
Philippinen
Wille-
Alter Friedhof
Gutzkowstr.
Am Alten Friedh
Schweizer Pl.
Gartenstr.
Dannecker-str.
Oppenheimer Pl.
Textorstr.
Martin-May-
100 m
109 yd
19,45,47,48
61,78,653,0F-50
1
2
3
4
5
11
13

A
B
C
Steph.-Heise-Str.
Anschlussstelle Ffm.-Ludwig-Landmann-Str.
Im Waldfeld
Hausen
1=Praunheimer Landstr.
66
20
Westring
Stadtteil Rödelheim
Stadtteil Hausen
Hausener Weg
Fischstein
Industriehof
Gr. Nelkenstr.
Ludwig-Landmann-Str.
Am Industriehof
Wilh.-v.-Steuben-Str.
Breitenbachbrücke
Nidda
3=Flußgasse
4=Oelmühlgasse
Brentano-park
Lorscher Str.
Ffm. Rödelheim
Neue Börse
1=An den Bangerten
2=Hülya-Platz
44
Dauerkleingärten
Rödelheimer Landstraße
Solmspark
Mühlkanal
Siemens
Agentur f. Arbeit
Postsiedl.
Biegwald
Anschlussstelle Ffm.-Rebstock
Tankstelle Ffm.-Biegweg
Anschlussst. Katharinenkreisel
648
4
5
Wiesbadener Straße
Theodor-Heuss-Allee
Katharinenkreisel
Leonardo-da-Vinci-Allee
Kuhwald Siedl.
Rebstockpark
Rebstock
Anschlussst. Rebstock (Bedarfsabfahrt bei Messe)
Messepark-platz
Messe-parkhaus
Europa-viertel
Straße der Nationen
Am Römerhof
Römerhof
Frankfurter Feldbahnmuseum am Rebstock
Omnibus-Betriebshof Rebstock
Hellerhof Siedlung
Gallus
Denisweg
Schmidtstr.
Mainzer Landstraße
250m
274 yd
E451
5
Friedrich-Ebert-Siedlung

Stadtteil Bockenheim
Anschlussstelle Ffm.-Miquelallee
Friedhof Bockenheim
St.-Markus Krankenhs.
Sportplätze
Wilhelm-Epstein-Str.
Carl-Schurz-Siedl.
Deutsche Bundesbank
Miquel-anlage
Weinbg.-Siedl.
Miquelallee
Hansaallee
Vogelschutzgehölz
Institut für Sportwissenschaften
Ginnheimer Landstr.
Franz-Rücker-Allee
Zeppelinallee
Alt-Kath. Kirche
Westend-Frankf. Central Chapel
Botanischer Garten
Grüneburgpark
Nord
Griech. Orthod. Kirche
J.-W.Goethe Universität
Universitätsverwaltung
N.-Wollheim-Platz
Palmengarten
Dänemark
Leipziger Str.
Bockenhmr. Warte
Bockenheimer Landstraße
Senckenberganlage
Senckenberg Museum
Kurfürstenpl.
Adalbertstr.
Schloßstraße
Westend
Westend-Süd
Kettenhofweg
Mendelssohnstr.
Ludwig-Erhard-Anlage
Festh. Messe
Hamburger Allee
Ffm. Messe
Messe
Galleria
Forum Agora
Europaviertel
Europa-Allee
Congress-Center
Messeturm
Platz d.Einheit
Friedrich-Ebert-Anlage
Taunusanlage
Deutsche Bundesbank
Pl. der Republik
Düsseldorfer Str.
Frankf.(M) Hbf
Kaiserstr.
Münchener Str.
Mainzer Landstraße
Galluswarte
Gallusviertel
Baseler Str.
Wilhelm-Leuschner-Str.
Untermainkai
Gutleutstr.
Gutleutviertel
Speicherstr.
Westhafen
Main
Theodor-Stern-Kai
Friedensbrücke
Frankfurt
Camberger Str.
Kölner Str.
Frankenallee
Straßenbahn-Betriebsbahnhof
Zolltech. Prüfungs- u. Lehranst.
Umweltamt
Zollhof
Westhafenbrücke
1=Kl. Wiesenau
2=Erich-Fromm-Platz
5=Dubliner Str.
6=Londoner Str.
7=Warschauer Str.
8=Athener Str.
1=Wilhelm-Schickard-Str. BW
2=Adam-Riese-Platz

123

A
B
C
Dornbusch
Hessischer Rundfunk
Hauptfriedhof
Verwaltung
Trauerhalle
Miquel-/Adickesallee
Polizeipräsidium
Adickesallee
Miquelallee
Deutsche Nationalbibliothek
Nibelungenallee
Eschersheimer Landstr.
Eckenheimer Landstr.
Hansaallee
Nordend-West
Nordend
Westend-Nord
Grüneburgpark
J.-W.-Goethe Universität
Holzhausenstr.
Holzhausenpark
Glauburgstr.
Bremer Platz
Reuterweg
Grüneburgweg
Musterschule
Westend
Bockenheimer Landstr.
Bockenheimer Anlage
Rothschildpark
Alte Oper
Hochstraße
Eschenheimer Anlage
Friedberger Anlage
Westend-Süd
Taunusanlage
Gallusanlage
Börse
Hauptwache
Konstablerwache
Zeil
Battonnstr.
Kurt-Schumacher-Str.
Römer
Dom
Willy-Brandt-Platz
Mainkai
Alte Brücke
Untermainkai
Sachsenhäuser Ufer
Schaumainkai (Museumsufer)
Main
Mainuferpark
Deutschherrnufer
Walter-Kolb-Straße
Schweizer Str.
Dreieichstr.
Frankf.(M) Hbf
Düsseldorfer Str.
Baseler Str.
Friedensbrücke
Westhafen
Theodor-Stern-Kai
Kennedyallee
Südbf.
Gutleutstr.
Mainzer Landstr.
Kaiserstr.
Wilhelm-Leuschner-Str.
1
2
3
4
5
6
7
11
12
13
14
15
124
120

Stadtteil Bornheim
1=Am Stiegelschlag
2=Bönstädter Straße
3=Ilbenstädter Straße
4=Am Ameisenberg
5=Johanniskirchplatz
Seckbacher Landstr.
Dreieck Erlenbruch (im Bau)
1=Bornheimer Fünffingerplätzchen
Panoramabad Bornheimer Hang
Günthersburgpark
Bornheim Mitte
Höhenstr.
Merianpl.
Eissporthalle/Festplatz
Parlamentspl.
Ostpark
Zentralschulgarten
Ostend
Zoo Frankfurt
Zoo
Habsburgerallee
Ostbf.
U6 Ostbahnhof
Danziger Pl.
1=J.-Carl-Junior-Str.
Europäische Zentralbank
1=Horst-Schulmann-Straße
Osthafen
Nordbecken
Südbecken
Schwedlersee
Wasserschutzpolizei Hafen
Museumseisenbahn
Hanauer Landstr.
Sonnemannstr.
Deutschherrnviertel
Deutschherrnufer
Gerbermühlstr.
Gerbermühle
Main
Mühlberg
Lokalbf.
Offenbacher Landstraße
2=Bethmann-Hollweg-Straße
3=Speckgäßchen
4=Kinzigstraße
5=Mümlingstraße
6=Rebenstraße
7=Scheerengasse
8=Seehmr.Straße
250 m
274 yd
Phil.-Theol. Hochschule St. Georgen
Goethetempel
Mühlbergsch.
Am Riederbruch
Ratsweg
Saalburgallee
Wittelsbacherallee
Sandweg
Rothschildallee
Friedberger Landstr.
125

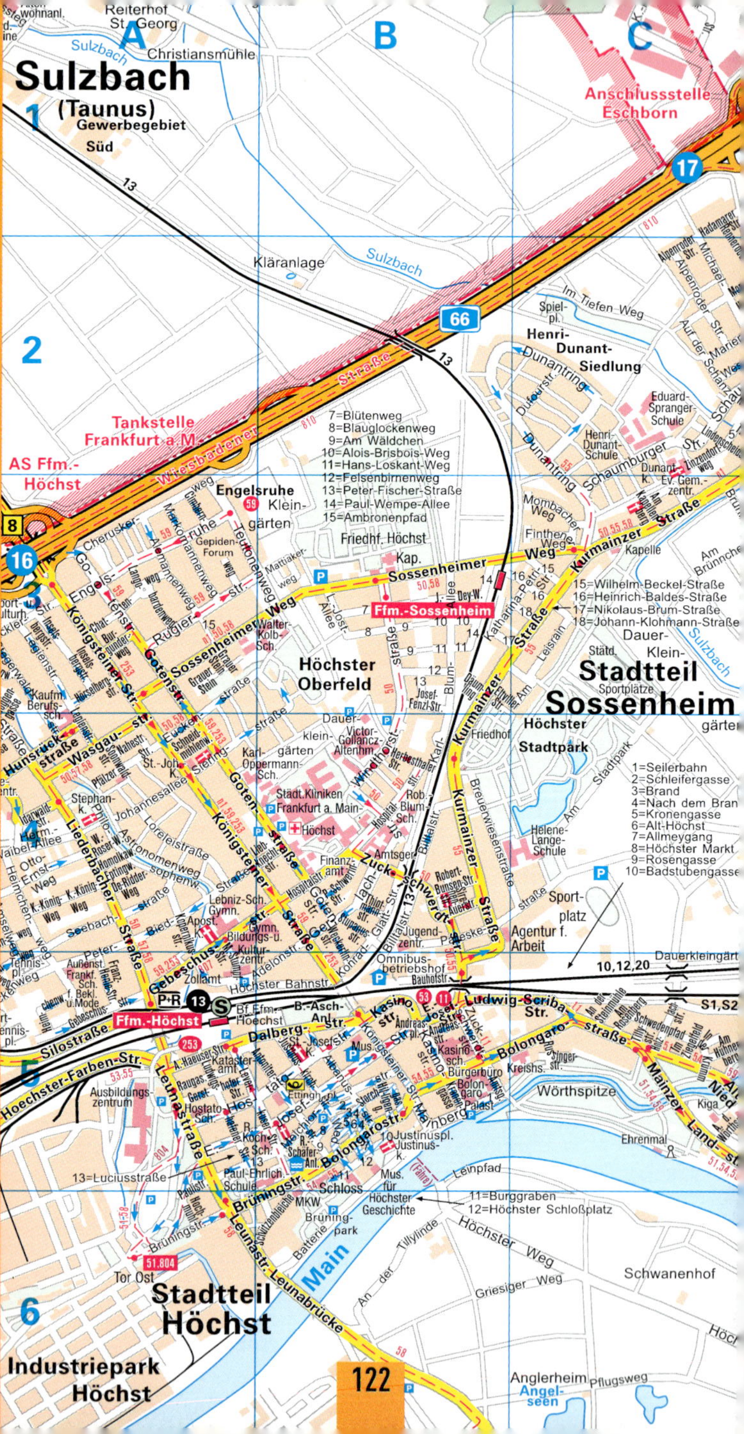
A
B
C
1
2
3
4
5
6
Sulzbach
(Taunus)
Gewerbegebiet
Süd
Reiterhof
St. Georg
Christiansmühle
Sulzbach
Anschlussstelle
Eschborn
17
13
Kläranlage
66
Wiesbadener Straße
Tankstelle
Frankfurt a.M.
AS Ffm.-
Höchst
8
16
Engelsruhe
Klein-
gärten
7=Blütenweg
8=Blauglockenweg
9=Am Wäldchen
10=Alois-Brisbois-Weg
11=Hans-Loskant-Weg
12=Felsenbirnenweg
13=Peter-Fischer-Straße
14=Paul-Wempe-Allee
15=Ambronenpfad
Friedhf. Höchst
Kap.
Sossenheimer Weg
Ffm.-Sossenheim
Im Tiefen Weg
Spiel-
pl.
Henri-
Dunant-
Siedlung
Dunantring
Eduard-
Spranger-
Schule
Henri-
Dunant-
Schule
Schaumburger Str.
Ev. Gem.-
zentr.
Mombacher
Weg
Finther
Weg
Kurmainzer Straße
Kapelle
15=Wilhelm-Beckel-Straße
16=Heinrich-Baldes-Straße
17=Nikolaus-Brum-Straße
18=Johann-Klohmann-Straße
Dauer-
Klein-
gärten
Städt.
Sportplätze
Stadtteil
Sossenheim
Höchster
Oberfeld
Höchster
Stadtpark
Friedhof
1=Seilerbahn
2=Schleifergasse
3=Brand
4=Nach dem Bran
5=Kronengasse
6=Alt-Höchst
7=Allmeygang
8=Höchster Markt
9=Rosengasse
10=Badstubengasse
Königsteiner Str.
Gotenstr.
Gotenstraße
Hunsrückstraße
Wasgaustr.
Liederbacher Straße
Johannesallee
Loreleistraße
Astronomenweg
Karl-
Oppermann-
Sch.
Städt.Kliniken
Frankfurt a. Main-
Höchst
Victor-
Gollancz-
Altenhm.
Helene-
Lange-
Schule
Sport-
platz
Agentur f.
Arbeit
Breuerwiesenstraße
Robert-
Bunsen-Str.
Amtsger.
Finanz-
amt
Zuckschwerdtstr.
Lebniz-Sch.
Gymn.
Bildungs-u.
Kultur-
zentr.
Gebeschusstr.
Zollamt
Höchster Bahnstr.
Omnibus-
betriebshof
Bauhofstr.
Jugend-
zentr.
Dauerkleingärt
10,12,20
S1,S2
Ludwig-Scriba-Str.
Ffm.-Höchst
Bf. Ffm.-
Hoechst
Silostraße
Hoechster-Farben-Str.
Ausbildungs-
zentrum
Leunastraße
Dalbergstr.
Kasinostr.
Bolongarostr.
Bolongaro-
Palast
Kreishs.
Wörthspitze
Mainzer Landstr.
Kiga
Ehrenmal
Justinuspl.
Justinus-
k.
Mus.
für
Höchster
Geschichte
11=Burggraben
12=Höchster Schloßplatz
13=Luciusstraße
Paul-Ehrlich-
Schule
Brüningstr.
Schloss
MKW
Brüning-
park
Leinpfad
Main
Höchster Weg
Griesiger Weg
Schwanenhof
Tor Ost
Stadtteil
Höchst
Industriepark
Höchst
Leunabrücke
Anglerheim
Pflugsweg
Angel-
seen

Gutleutviertel
Main
Stadtteil Niederrad
Gutleutstraße
Niederräder Ufer
Niederräder Landstraße
Bruchfeldstr.
Mainzer Landstraße
Schwanheimer Ufer
Lyoner Straße
Goldsteinstr.
Kennedy-allee
Mörfelder Landstr.
Mörfelder Landstraße
Isenburger Schneise
Rennbahnstraße
Schwarzwaldstraße
Deutschordenstr.
Galopprennbahn
Waldspielpark Carl-v.-Weinberg
Golfplatz
Commerzbank-Arena (Waldstadion)
Eintracht Frankfurt Museum
Frankfurt Stadion
Ffm.-Niederrad
Forsthaus Niederrad
Tiroler Weiher
Klinikum der J.-W.-Goethe-Universität
Univ.-klinik Friedrichsheim
Elli-Lucht-Park
Sommerhoffpark
Luftbad
Briefzentrum
Flußhafen Gutleuthof
Kraftwerk Stadtwerke
Westhafen
Friedhof
Hochbauamt
Kleingärten
Sportplätze
Sporthalle
Forstbaumschule
Altenheim Stadtwald
Gleis-Dreieck
Lehrbaustelle
Deutscher Fußballbund (DFB)
Deutsche Turnschule
Deutscher Sportbund
Landessportbund
Schwengelbrunnen
Rudolf-Menzer-Anlage
August-Belz-Anlage
Ad.-Miersch-Sdlg.
Frauenhof-Schule
Fried.-Fröbel-Schule
1=Johannes-Lamp-Str.
2=Volpenhennstr.
3=Schottensteinstr.
43/44
250 m
274 yd

119

Stadtteil
Niederrad
Westhafen
Gutleutviertel
Gallusviertel
Westend-Süd
Klinikum der J.-W.-Goethe-Universität
Frankf.(M) Hbf
Galopprennbahn
Kennedyallee
Mörfelder Landstraße
Stresemannallee
Theodor-Stern-Kai
Gartenstraße
Baseler Str.
Kaiserstr.
Mainzer Landstr.
Düsseldorfer Str.
Gutleutstr.
Schaumainkai (Museumsufer)
Untermainkai
Main
Heimat-Siedl.
Fritz-Kissel-Siedlung
Waldspielpark Louisa
Bahnhof Ffm.-Louisa
Ffm.-Louisa
Louisa
Dauerkleingärten
Buchscheer
Laubsches-
Siedl. Lerchesberg
Hügelgräber
Holzhecke
Bürgerwiese
Sportplätze
Bundesamt für Kartographie und Geodäsie
Kraftwerk Stadtwerke
1=Westhafenbrücke
2=Zanderstraße
3=Stichlingstraße
4=Flußkrebssteg
5=Am Druckwasserwerk
Stresemannallee
Sachsenhäuser Landwehrweg
Königsbrunnen
120
124

121
Danziger Pl.
Ostbahnhof
U6
Hanauer Landstraße
Allerheiligentor
Allerheiligenstr.
Battonnstr.
Kurt-Schumacher-Str.
Alte Brücke
Lange Str.
Obermainanlage
Sonnemannstr.
Europäische Zentralbank
Ostend-str.
Oskar-von-Miller-Str.
1=Horst-Schulmann-Straße
Mus.-eisenb.
Fischerfeldstr.
Deutschherrnufer
Schlachthofwerft
Deutschherrnviertel
Weseler Werft
Ruhrorter Werft
Gerbermühlstr.
Gerbermühlstr.
Deutschherrnufer
Hanauer Landstr.
Museumseisenbahn
Osthafenpl.
Mayfarthstr.
Honsellstraße
Honsellbrücke
Vorbecken
Straßburger Werft
Franziuspl.
Franziusstr.
Mainzer Werft
Karlsruher Werft
Gebermühlwerft
Mainwasenw.
Osthafenbrücke
Philipp-Holzmann-Str.
Sportplätze
Im Bärengarten
Strahlenberger W.
Länderweg
Seehofstraße
Dreieichstr.
Elisabethenstr.
Wallstr.
Zum Laurenburger Hof
Schulamt
Hochbauamt
Lokalbf.
Mühlberg
Offenbacher Landstraße
Offenbacher Landstr.
Südbf.
U1,U2,U3,U8
S6
Wendelspl.
Bürgerm.-Grimm-Str.
Darmstädter Landstraße
Hühnerweg
Goethetempel
Mühlbergsch.
Kl. Seehof
Seehofpark
Brunnenweg
Phil.-Theol. Hochschule St. Georgen
Sportpl.
Goldbergweg
Altenheim
Stadtteil Oberrad
4=Kinzigstraße
5=Mümlingstraße
7=Scheerengasse
8=Seehmr.Straße
Wendelsweg
Altebergsweg
Reiterstaffel
Stadtteil Sachsenhausen
Südfriedhof
Mailänder Str.
Schützenhüttenweg
Hainer Weg
Sachsenhäuser Landwehrweg
Sachsenh. Warte
Boehlepark
Waldspielpark Goetheturm
Goetheturm
Dauerkleingärten
Scheerwald
Lange-
Schmale
Haardt
Henselruhe
Forsthaus Oberrad
Moschee
Babenhäuser Landstraße
Sportplatze
1=Franz-Lenbach-Straße
2=Rethelstraße
3=Achenbachstraße
4=Textorstraße
5=Nordheimstraße
7=Klingenberger Straße
8=Freudenberger Straße
9=Max-Quarck-Straße
10=Ferdinand-Schrey-Weg
11=Carl-Barthel-Weg
12=Ludwig-Zamenhof-Weg
13=Schwarzsteinkautweg
baumstränk
Wartfeldheeg
Kaiser-tanne
Fuchsplatte
Kühruh
Vogelschutzgehölz
Schutzhütte
250 m
274 yd
Stadtteil
1
2
3
4
5
6

Ettersdorf
Isselbach
Görgeshausen
Hambach
Staffel
Gückingen
Diez
Dom
Limburg
Eschhofen
Limburg-Süd
Ennerich
Villmar
Lahn-Ferienstr.
Klein Weinbach
Laubuseschbach
Langhecke
Giershausen
Heistenbach
Hirschberg
Altendiez
Lindenholzhausen
Münster
Wolfenhausen
Hochtaunus
Horhausen
Mineralbrunnen
Langenscheid
LIMBURG an der Lahn
Linter
Brechen
Weyer
Holzappel
Schloss
Selters (Taunus)
Haintchen
Geilnau
Cramberg
Birlenbach
Flacht
Holzheim
Mensfelden
Werschau
Oberbrechen
Eisenbach
Hasselbach
Scheidt
Balduinstein
Laurenburg
Hünfelden
Nauheim
Niederselters
Steinsberg
Niederneisen
Oberneisen
Dauborn
Neesbach
Selterswasser-Quellen
Oberselters
Vogelburg
Gutenacker
Lohrheim
Rheinland-Pfalz
Hessen
Erbach
Schwickershausen
Kloster Arnstein
Ruine Brunnenburg
Wasenbach
Oranier Route
Netzbach
Heringen
Bad Camberg
Dombach
Schönborn
Hahnstätten
Kirberg
Bremberg
Deutsche Alleenstr.
Ohren
Bad Camberg
Attenhausen
Biebrich
Zollhaus
Kaltenholzhausen
Kördorf
Ebertshausen
Burgschwalbach
Beuerbach
Würges
Steinfischbach
Herold
Klingelbach
Mudershausen
Bechtheim
Walsdorf
Roth
Ergeshsn.
Schiesheim
Rückershausen
Ketternschwalbach
Wallrabenstein
Katzenelnbogen
Allendorf
Dt. Limes-Str.
Walded
Niedertiefenbach
Berghausen
Hausen über Aar
Panrod
Hünstetten
Dt. Fachwerkstr.
Oberfischbach
Mittelfischbach
Dörsdorf
Aarbergen
Daisbach
Limbach
Esch
Obertiefenbach
Eisighofen
Kettenbach
Strinz-Trinitatis
Wallbach
Wörsdorf
Rettert
Berndroth
Hahn-K.
Hennethal
Görsroth
Bermbach
Naturpark
Heftrich
Rotherhof
Michelbach
Niederauroff
Recken-roth
Kesselbach
Idstein
Holzhausen an der Haide
Laufenselden
Holzhausen über Aar
Strinz-Margarethä
Oberauroff
Oberlibbach
Idstein
Martenroth
Hohenstein
Niederlibbach
Römerturm
Dasbach
Grebenroth
Ehrenbach
Römerturm
Lenzhahn
Niedermeilingen
Egenroth
Obermeilingen
Huppert
Breithardt
Hambach
Eschenhahn
Oberseelbach
Burg Hohenstein
Steckenroth
Orlen
Engenhahn
Niederseelbach
Langschied
Rhein-Taunus
Heidenrod
Kemel
Dt. Fachwerkstr.
Hohe Kanzel
Königshofen
Algenroth
Mappershain
Lindschied
Born
Wingsbach
Neuhof
Zorn
Wisper
Heimbach
Adolfseck
Watzhahn
Niedernhausen
Kloster Schönau
Nauroth
Springen
Bad Schwalbach
TAUNUSSTEIN
Wehen
Strüth
Hilgenroth
Hahn-K.
Watzelhain
Kurbahn
Hahn
Kellers-K.
Dickschied
Ramschied
Hettenhain
Bleidenstadt
Naurod
Wiesbadener H.
Seitzenhahn
WIESBADEN
Auringen
Langenseifen
Taunus-Wunderland
Hohe Wurzel
RAMBACH
HESSLOCH
Espenschied
Geroldstein
Niedergladbach
Wambach
Neroberg
Nerobergbahn
SONNENBERG
Medenbach
Fischbach
Bärstadt
Schläferskopf
Fasanerie
Kloppenheim
BIERSTADT
Kammerburg
Schlangenbad
Chausseehaus
AUKAMM
Medenbach
Obergladbach
Hansen-K.
Georgenborn
Kurhaus
Hörkopf
Hausen vor der Höhe
DOTZHEIM
IGSTADT
Bäderstr.
FREUDENBERG
Erlebnismus.
Wiesb.-Erbenhm.
Rauenthal
FRAUENSTEIN
Schloss
GRASELBERG
ERBENHEIM
Schiersteiner Kreuz
Wi-Biebr.
Erbenheim
Frauenstein
Presberg
Martinsthal
Wi-Nordenstadt
Delkenheim
Stephanshausen
SCHIERSTEIN
Schl. Biebrich
Mainzer Str.
WI-Amöneb.
Klost. Eberbach
Kiedrich
Oberwalluf
Niederwalluf
Walluf
MZ-Mombach
AMÖNEBURG
Hochheim am Main
Schloss Vollrads
Hallgarten
Eltville am Rhein
MZ-Kastel
Rheingau-Gebirge
Oestrich-Winkel
Erbach
Budenheim
KASTEL
Hochheim-Nord
R. Schwarzenstein
Hattenheim
Heidenfahrt
Gonsenheim
MOMBACH
Röm.-Germ.Mus.
Marienthal
Winkel
Heidenfahrt
Uhlerborn
GONSENHEIM
Johannisberg
Ingelheim-Ost
MZ-Dreieck
Gutenberg-museum
Dom
KOSTHEIM
Aulhausen
St. Aegidien
Mittelheim
Ingelheim-Nord
Heidesheim
Heidesheim am Rhein
Gustavsburg
Rüdesheim am Rhein
Geisenheim
Ingelheim-Mitte
FINTHEN
DRAIS
MZ-Finthen
Kaiserpfalz
Wackernheim
BRETZENHEIM
Gaulsheim
Ingelheim-West
Ingelheim am Rhein
MAINZ
MZ-Laubenheim
Bingen am Rhein
Ingelheim-Süd
LERCHENBERG
Klein-Winternheim
MZ-Süd
HECHTSHM.
MARIENB.
Laubenheim
Gau-Algesheim
Rhein
Bingen-O.
Ockenheim
14-Nothelfer-Kp.
Großwinternheim
Schwabenheim an der Selz
Ober-Olm
Klein-Winternheim
Bodenheim
Dr. Nahetal
Appenheim
Laurenziberg
Bubenheim
Essenheim
Bingen-Mitte
Dromersheim
Nieder-Olm
Sponsheim
Grolsheim
Aspisheim
Nieder-Hilbersheim
Elsheim
Ebersheim
Nackenheim
Engelstadt
Stadecken-Elsheim
Nieder-Olm
Gau-Bischofsheim
Horrweiler
Ober-Hilbersheim
Rheinhessisches Hügelland
Harxheim
Gensingen
Bad Kreuznach
Jugenheim in Rheinhessen
Saulheim
Zornheim
Lörzweiler
Partenheim
Sörgenloch
Rheinland-Pfalz
Welgesheim
Wolfsheim
Nieder-Saulheim
Saulheim
Mommenheim
Biebelsheim
Zotzenheim
Sankt Johann
Ober-Saulheim
Udenheim
Selzen
Planig
Sprendlingen
Vendersheim
Hahnheim
Schwabsburg
Pfaffen-Schwabenheim
Stiftskirche
Katharinen-K.
Bosenheim
Gau-Weinheim
Sulzheim
Schornsheim
Köngernheim
Dexheim
BAD KREUZNACH
Wallertheim
Wörrstadt
Undenheim
Friesenheim
Dienheim

D
E
F
Bad Nauheim
Friedberg (Hessen)
Usingen
Neu-Anspach
Wehrheim
Rosbach v.d.Höhe
Wöllstadt
Schmitten
Friedrichsdorf
Bad Homburg v.d.Höhe
Karben
Oberursel
Kronberg im Taunus
Königstein im Taunus
Großer Feldberg
Steinbach
Schwalbach am Taunus
Eschborn
Bad Soden am Taunus
Sulzbach (Ts)
Eppstein
Kelkheim (Ts)
Liederbach a.Ts.
Hofheim am Taunus
Kriftel
Frankfurt am Main
Bad Vilbel
Offenbach a.Main
Hattersheim am Main
Kelsterbach
Flörsheim am Main
Raunheim
Rüsselsheim am Main
Mörfelden-Walldorf
Neu-Isenburg
Dreieich
Langen (Hessen)
Heusenstamm
Dietzenbach
Rödermark
Egelsbach
Erzhausen
Ginsheim-
Nauheim
Trebur
Groß-Gerau
Büttelborn
Weiterstadt
Griesheim
Wissenschaftsstadt Darmstadt
Roßdorf
Messel
Deutsche Alleenstraße
Dt. Limes-Str.
Deutsche Fachwerkstr.
Bergstraße
5 km
3.1 mi

Das Register enthält eine Auswahl der im Cityatlas dargestellten Straßen und Plätze

KARTENLEGENDE

Autobahn mit Nummer
Motorway with number
Autoroute avec numéro

Nummer der Autobahnanschlussstelle
Motorway junction number
Numéro d'echangeur d'autoroute

Schnellstraße/ Bundesstraße
Expressway/ Federal road
Route express/ Route nationale

Durchgangsstraße
Main through road
Grande route

Übrige Straßen/ Weg
Other roads/ Footpath
Autres routes/ Sentier

Straßen in Bau/ Planung
Roads under construction/ projected
Routes en construction/ en projet

Fußgängerzone/ Einbahnstraße
Pedestrian zone/ One-way street
Zone piétonnière/ Rue à sens unique

Stadt- und Gemeindegrenze
Town and communal boundary
Limite de ville et commune

Umweltzone
Environmental zone
Zone environnement

Eisenbahn mit Bahnhof
Railway with station
Voie ferrée avec gare

Güter- und Industriebahn
Freight and industrial railway
Voie ferrée de marchandise et industrielle

S-Bahn mit Nummer und Station
Rapid transit train with number and station
Train en trafic suburbain avec numéro et gare

U-Bahn/ Stadtbahn
Underground/ Light Rail
Métro/ Métro Léger

Bus/ Straßenbahn mit Endhaltestelle
Bus/ Tramway with terminus
Autobus/ Tramway avec terminus

Parkplatz/ Parkhaus/ Tiefgarage
Car park/ Parking house/ Underground car park
Parking/ Garage/ Parking souterrain

Park+Ride/ Parkleitsystem
Park+Ride/ Parking control system
Park+Ride/ Système de signalisation

Hallenbad
Indoor swimming pool
Piscine couverte

Kirche
Church
Église

Krankenhaus
Hospital
Hôpital

Campingplatz/ Jugendherberge
Camping site/ Youth hostel
Camping/ Auberge de jeunesse

Post
Post office
Bureau de poste

Försterei
Forester's lodge
Maison forestière

Einzelne Bäume
Isolated trees
Arbres isolés

Wirtshaus/ Ausflugslokal
Inn/ Excursion-Inn
Auberge/ Café-Restaurant

Sendeanlage/ Leuchtturm
Transmitting station/ Lighthouse
Station d'émission/ Phare

Denkmal/ Turm
Monument/ Tower
Monument/ Tour

Windmühle/ Windrad
Windmill/ Windpower
Moulin à vent/ Éolienne

Tourist-Information
Tourist information center
Syndicat d'initiative

Konsulat/ Botschaft
Consulate/ Embassy
Consulat/ Ambassade

Wald/ Park, Friedhof
Forest/ Park, Cemetery
Fôret/ Parc, Cimetière

Weinberg
Vineyard
Vignoble

Heide/ Moor, Sumpf
Heath/ Marsh, Swamp
Lande/ Marais, Marécage

MARCO POLO Erlebnistour 1
MARCO POLO Discovery Tour 1
MARCO POLO Tour d'aventure 1

MARCO POLO Erlebnistouren
MARCO POLO Discovery Tours
MARCO POLO Tours d'aventure

MARCO POLO Highlight

REGISTER

In diesem Register sind alle im Reiseführer erwähnten Sehenswürdigkeiten und Ausflugsziele sowie einige wichtige Straßen, Plätze und Stichwörter aufgeführt. Gefettete Seitenzahlen verweisen auf den Haupteintrag.

SCHREIBEN SIE UNS!

Egal, was Ihnen Tolles im Urlaub begegnet oder Ihnen auf der Seele brennt, lassen Sie es uns wissen! Ob Lob, Kritik oder Ihr ganz persönlicher Tipp – die MARCO POLO Redaktion freut sich auf Ihre Infos.
Wir setzen alles dran, Ihnen möglichst aktuelle Informationen mit auf die Reise zu geben. Dennoch schleichen sich manchmal Fehler ein – trotz gründlicher Recherche unserer Autoren/innen. Sie haben sicherlich Verständnis, dass der Verlag dafür keine Haftung übernehmen kann.

MARCO POLO Redaktion
MAIRDUMONT
Postfach 31 51
73751 Ostfildern
info@marcopolo.de

IMPRESSUM
Titelbild: Skyline (huber-images: G. Gräfenhain)
Fotos: W. Dieterich (106/107, 108 o., 109); DuMont Bildarchiv: Lubenow (8); R. Freyer (11, 37, 63, 79, 105, 107); Getty Images: Leonardo Patrizi (2); Getty Images/Westend61 (3); R. Henss (1 u.); huber-images: Udo Bernhart (33), Gräfenhain (12/13, 26/27, 39, 104/105), G. Gräfenhain (1 o.), R. Schmid (5, 23, 90/91); Laif: Fechner (9), Kirchgessner (82/83), Gunnar Knechtel (61, 62 r.), Georg Knoll (71), Dagmar Schwelle (19 u., 50, 58), Tim Wegner (19 o.); Laif/robertharding: Alan Copson (4 o., 20/21); Look: Leue (81), Ingolf Pompe (4 u., 40), Daniel Schoenen (54); mauritius images: Bridge (10), Udo Siebig (17), Bernd Wittelsbach (42, 48/49, 74/75, 76/77, 106, 114/115); mauritius images/Alamy (30, 66/67, 68, 84), R Ann Kautzky (6), Jake Wyman (104); mauritius images/imagebroker: Alker (53), Kurt Möbus (Klappe r.), Moxter (34, 45), Martin Moxter (14/15), Thomas Robbin (7), Scully (46), Michael Zegers (88); mauritius images/lotuseaters/Alamy: Thomas Lehne (73); mauritius images/pa: Jan Haas (56/57), Frank May (62 l.); mauritius images/Shestock: Ellen Barnes (18 M.); mauritius images/Signumlux (24, 95), Ulrich Schiel (103); mauritius images/Westend61: Werner Dieterich (Klappe l.), Martin Moxter (18 u., 100), Uwe Umstätter (18 o.); mauritius images/Zoonar/Alamy (65); Visum: Leissl (108 u.); E. Wrba (87)

13. Auflage 2017
Komplett überarbeitet und neu gestaltet

Chefredaktion: Marion Zorn; Autorin: Rita Henß; Redaktion: Ulrike Frühwald
Verlagsredaktion: Lukas Forst-Gill, Susanne Heimburger, Tamara Hub, Nikolai Michaelis, Kristin Schimpf, Martin Silbermann; Bildredaktion: Gabriele Forst, Stefanie Wiese; Im Trend: wunder media, München
Kartografie Reiseatlas: © MAIRDUMONT, Ostfildern; Kartografie Faltkarte: © MAIRDUMONT, Ostfildern
Gestaltung Cover, S. 1, S. 2/3, Faltkartencover: Karl Anders – Büro für Visual Stories, Hamburg; Gestaltung innen: milchhof:atelier, Berlin; Gestaltung Erlebnistouren: Susan Chaaban Dipl.-Des. (FH)

Printed in China

FSC
www.fsc.org
MIX
Paper from responsible sources
FSC® C011918

BLOSS NICHT

Worauf Sie bei Ihrem Frankfurt-Aufenthalt achten sollten

DAS „STÖFFCHE" UNTERSCHÄTZEN

Frankfurts Nationalgetränk wirkt in größerem Umfang genossen nicht nur berauschend, sondern schlägt bei vielen auch kräftig auf die Verdauung. So mancher Fremde, der mutig seine ersten drei, vier Gläser Apfelwein pur getrunken hat, musste den Weg aufs Örtchen im Laufschritt bewältigen. Besser also Vorsicht walten lassen und das „Stöffche" vielleicht erst mal „gespritzt" (mit Mineralwasser verdünnt) bestellen. Und noch was: In traditionellen Apfelweinlokalen ist es nicht üblich, auf einem „eigenen" Tisch zu bestehen, so man ihn nicht ausdrücklich reserviert hat. Man setzt sich normalerweise irgendwo dazu – und nimmt auch selbst Unbekannte an seiner Seite bzw. gegenüber gerne auf.

HANDKÄS' MIT DER GABEL AUFSPIESSEN

Hinterlistig legen manche Apfelweinwirte auch zum Handkäs' ein komplettes Besteck auf den Tisch. Wer sich nicht sofort als Tourist outen will, lässt die Gabel beim Verzehr dieses Gerichts jedoch unbeachtet. Nur mit dem Messer schneidet und schichtet man den Käse (und die Zwiebeln) aufs dick mit Butter bestrichene Brot.

MÜLL WEGWERFEN

Nicht nur Singapur, auch Frankfurt zeigt Müllsündern die Rote Karte. Wer seinen Dreck achtlos wegwirft und dabei erwischt wird, muss tief ins Portemonnaie greifen. Eine Zigarettenkippe kostet 20 Euro Buße, Gleiches gilt für ein Papiertaschentuch oder eine Pommestüte. Wer einen Kaugummi ausspuckt oder irgendwohin klebt, wird mit 35 Euro zur Kasse gebeten. Mindestens 75 Euro kassieren die Müllsheriffs für ein zurückgelassenes Hundehäufchen, auf Spielplätzen sogar mehr.

ANWOHNERPARKSCHILDER MISSACHTEN

Lange rangelten die Richter, aber nun ist es (wieder) amtlich: Auf vielen Frankfurter Straßen genießen die Anwohner das Erstparkrecht. Weiß-blaue Schilder markieren die entsprechenden Zonen; in der Regel sind diese Zonen zwischen 19 und 10 Uhr für Autofahrer, die keine Anliegerplakette haben, tabu (mitunter auch schon ab 17 Uhr). Wer hier ohne das entsprechende Papier parkt, riskiert Strafzettel und teure Abschleppmanöver.

OFFENBACH LOBEN

Ob es der Fußball war – die Offenbacher Kickers spielten gegen die Frankfurter Eintracht einst erfolgreich in der Bundesliga – oder ein historisches Ereignis, liegt im Dunkeln. Von echten Frankfurtern wird die Nachbarstadt jedoch stets etwas herabgesetzt. „Typisch Offenbach" heißt es z. B., wenn ein Auto mit dem OF-Kennzeichen bei grüner Ampel nicht gleich losprescht. Allerdings leben nun viele Frankfurter im mietgünstigeren Offenbach – bewahren aber nach Möglichkeit ihr F auf dem PKW-Nummernschild.